趣赏冬奥系列丛书

丛书主编　张新萍　杨占武

趣赏冬奥
冰上项目

主　编　杨占武
副主编　张新萍

U0424625

中山大学出版社
SUN YAT-SEN UNIVERSITY PRESS
·广州·

版权所有　翻印必究

图书在版编目（CIP）数据

趣赏冬奥．冰上项目/杨占武主编；张新萍副主编．—广州：中山大学出版社，2021.12
（趣赏冬奥系列丛书/张新萍，杨占武主编）
ISBN 978-7-306-07234-4

Ⅰ. ①趣… Ⅱ. ①杨… ②张… Ⅲ. ①冬季奥运会—体育项目—基本知识 ②冰上运动—基本知识 Ⅳ. ①G811.212 ②G862

中国版本图书馆 CIP 数据核字（2021）第 255696 号

QU SHANG DONG-AO: BING SHANG XIANGMU

| 出 版 人：王天琪
| 责任编辑：王旭红
| 封面设计：曾　斌
| 版式设计：曾　斌
| 责任校对：李昭莹
| 责任技编：靳晓虹
| 出版发行：中山大学出版社
| 电　　话：编辑部 020-84110283，84113349，84111997，
　　　　　　84110779，84110776
　　　　　　发行部 020-84111998，84111981，84111160
| 地　　址：广州市新港西路 135 号
| 邮　　编：510275　　传　　真：020-84036565
| 网　　址：http://www.zsup.com.cn　E-mail：zdcbs@mail.sysu.edu.cn
| 印 刷 者：佛山市浩文彩色印刷有限公司
| 规　　格：880mm×1230mm　1/32　5.125 印张　90 千字
| 版次印次：2021 年 12 月第 1 版　2021 年 12 月第 1 次印刷
| 定　　价：36.00 元

如发现本书因印装质量影响阅读，请与出版社发行部联系调换

"趣赏冬奥系列丛书"
总 序

冬季运动项目是人类竞技运动的一个巨大旁支，它比常规运动项目略迟成为世界性的活动。夏季奥运会到目前为止已经举办了32届，而在北京、张家口即将举行的冬季奥运会（以下简称"冬奥会"）为第24届，即是证明。

冬季运动项目发源于北半球的高寒地带，它由冰雪上的交通、劳动方式演变而成。它是利用冬季的自然条件或人造条件，运用特殊的装备、器具或玩具开展的，以竞速、比美、斗智为主要内容。它与冰雪艺术、冰雪休闲、冰雪探险等共同组成世界冰雪文化。

冰上运动在平面上进行，分为竞速、竞美、竞智等几类。竞速又分长道、短道，短道弯道多、曲率大，因此弯道技术与能力成为重要的制胜因素。竞美类有花样滑冰与冰上舞蹈等，其在音乐伴奏下，展现了一种超体育、超艺术的文化门类。冰壶是近年兴起的、集体力与智力于一身的斗智斗技活动。冰球是竞技运动中行速最快、争斗最激烈的一个运动项目，也是球类运动中唯一使用黑色硬质板状体作为"球"的运动项目。

雪上运动多在坡道上进行，运动员先用徒步或缆车的方法积蓄势能，然后从高处沿坡道滑下，或竞速度、或竞高度、或竞长度、或竞难度，名目繁多，花样百出。雪上项目有高山滑雪、越野滑雪、跳台滑雪、北欧两项、自由式（花样）滑雪、单板滑雪以及冬季两项，滑行项目有雪车、钢架雪车、雪橇。

冰雪运动是以冰与雪为摩擦媒质的体育运动项目的总称，它的特点与冰、雪密切相关。冰与雪是水在0 ℃以下低温时的两种主要固态物质，水在结成冰后表面会光洁平滑，冰层雪层具有一定的强度，可承受人的体重压力。在冰雪上运动，其摩擦力大大减少，适于在其表面滑动。在滑动时，冰刀、雪板、雪橇产生的热能使冰面雪面产生融化水，微量的水减少了摩擦力，这就是冰雪不同于玻璃的地方，也是后者虽平滑光洁但却不能作为滑动媒质的原因。

滑动，是冰雪运动的主要行为特征。人类的走、跑、跳都伴随着身体的起伏，不断地做着类似抛物线的运动，微小起伏的是走，较大起伏的是跑，大幅起伏的是跳，而基本保持在同一平面的是滑。人们对滑行情有独钟，除了

总 序

滑冰、滑雪,还有滑水、滑沙、滑草、滑沼泽以及轮滑等许多种类。人们在滑行时其前庭分析器会受到特异的刺激,进而产生特别的兴奋感,可归为"眩晕运动"的感觉。人们喜欢追寻这种感觉,甚至会上瘾,这就是滑雪运动被称为"白色鸦片"的缘由。

在冰雪面上高速滑行对运动者的平衡能力要求很高,稍不留意就容易跌倒摔出,所以在对其平衡身体的技巧、全身肌肉的控制能力方面很有锻炼价值。冰雪运动又多在气温很低的高寒自然环境中进行,对人的耐寒、耐缺氧能力也有所考验,因此,冰雪运动对增强国民体质,特别是对青少年的身心健康有着独特的作用。这或许是很多国家重视冰雪运动,在学校体育教育中开展、在大众体育中发展的重要理由。

这套由张新萍、杨占武主编的"趣赏冬奥系列丛书",共分为三册,详尽介绍了冰雪运动的全貌,是2022年北京冬奥会前普及冬季运动知识的好读物。张新萍系中山大学教授,硕士生导师,长期从事高校体育教学及管理工作,2001年及2017年两次赴美国春田学院访学交流,曾担任2008年奥林匹克科学大会论文评审委员,是广东省高等学校"千百十工程"培养对象。杨占武系北京大学管理学博士,副研究员,中国人民大学人文奥运研究中心研究员,曾任国家短道速滑队领队,曾在北京冬奥申办委员会与北京冬奥组织委员会工作,参与了《北京冬奥组委工作人员简明读本》等著作的编写工作。这套丛书是他们在冰雪运动领域实践活动与理论研究的结晶。

这套丛书作为北京冬奥会的献礼之作是相称的,也是如作者所愿的。

卢元镇

写于北京宣颐容笑斋

2021 年 11 月 11 日

"趣赏冬奥系列丛书"
自　序

　　2015年7月31日,在马来西亚吉隆坡举行的国际奥委会第128次全会,经投票决定,北京成为2022年冬奥会和冬残奥会举办城市,由此,北京也成为全球唯一一座既举办过夏季奥运会、又将举办冬奥会的"双奥之城"。

　　习近平总书记指出:"北京冬奥会是我国重要历史节点的重大标志性活动,是展现国家形象、促进国家发展、振奋民族精神的重要契机。""要通过举办北京冬奥会、冬残奥会,推动我国冰雪运动跨越式发展,补缺项、强弱项,逐步解决竞技体育强、群众体育弱和'夏强冬弱''冰强雪弱'的问题,推动新时代体育事业高质量发展。"

　　进入北京冬奥周期之后,中国举全国之力,汇集各方资源,紧锣密鼓地筹办冬奥会。习总书记强调:"办好北京冬奥会、冬残奥会是党和国家的一件大事,是我们对国际社会的庄严承诺,做好北京冬奥会、冬残奥会筹办工作使命光荣、意义重大。"

　　自2019年年底起,新冠肺炎疫情开始在全世界肆虐,至今仍未结束。尽管面临新冠肺炎疫情的挑战，中国仍在坚实履行申奥承诺。2021年10月18日，北京冬奥会火种在希腊成功点燃，随后传送到北京；2021年10月26日，北京冬奥会与冬残奥会奖牌"同心"发布；2022年1月27日，冬奥村将正式开村，迎接来自世界各地的运动员；2022年2月2日，将开展火炬传递活动，正式拉开北京冬奥会的序幕。万众期待、令人瞩目的北京冬奥会就要来了……

冬奥梦交汇着中国梦，北京冬奥会不仅是北京的冬奥会，更是全中国人民的冬奥会，冬奥竞技舞台具有凝心聚气的强大感召力。虽然广州地处南方，常年无冰雪，但我们也同样感受到举办冬奥的自信，期盼着冬奥，更希望能为冬奥的举办添砖加瓦，加油助力。

自北京冬奥会申办成功以来，广东省体育局深入贯彻落实国家冰雪运动"南展西扩东进"国家战略，因地制宜提升冰雪运动发展的质量和效益，通过强化冰雪运动组织建设，积极推动冰雪运动场馆建设，广泛开展大型冰雪体育活动、比赛，开展相关专业人员培训，试图有力带动更多南粤群众参与到冰雪运动中来。逐步形成政府引导、市场主导、社会协同的发展格局，力争将广东打造成冰雪

自　序

运动"南展"先行示范省，为国家冰雪运动发展、助力2022年北京冬奥会做出积极贡献。

与此同时，由孙中山先生手创，被誉为"南天一柱"的中山大学，因其先天具有的家国情怀和担当意识，其文管部与出版社深感有责任发挥高校人才优势来助力冬奥，以更高的使命感、更强的责任感以及更全面的能力为群众性冰雪运动的普及和冰雪文化的传播出一份力。

鉴于冰雪运动在我国尚不普及，很多人不具备欣赏冬奥比赛项目的常识，特组织北京冬奥会场馆管理专家和中山大学体育部教师一同编写了旨在普及冰雪运动项目知识、提高观众欣赏能力的"趣赏冬奥系列丛书"——《趣赏冬奥——冰上项目》《趣赏冬奥——雪上项目》和《趣赏冬奥——滑行项目》，体育部的部分研究生（吴子麟、李秀丽、罗郁哲、柴艺源、章扬欣、陈化珂）也参与了编写。

这三本书包括北京冬奥会设置的7个大项和15个分项的所有项目。为了便于读者学习使用，依据场地和项目特点，将15个分项归纳为三个类别——冰上项目、雪上项目和滑行项目。该丛书主要以问答形式，先设置了观众在观赏比赛时可能会产生的若干疑问，然后用浅显易懂的语言予以简明扼要地说明。解决了这些疑问，观众们就可以深度欣赏奥运赛事了。

该丛书还介绍了各项目的场地和规则等知识，不但能作为冰雪运动爱好者的参考手册，也可以作为中小学开展冬季奥林匹克运动教育的教材，为大力普及、广泛开展青少年冰雪运动奠定基础。

特别鸣谢中山大学出版社和体育部领导的鼎力支持与帮助，感谢出版社编辑王旭红、叶枫等老师严谨细致的审校。鉴于此丛书涉及专业知识点较多，编者水平有限，书中难免有疏漏不足之处，敬请广大读者赐教指正！

张新萍　杨占武

2021 年 11 月 10 日

本书序

冬奥会的冰上项目包括滑冰、冰球、冰壶3大项。其中，滑冰项目包括速度滑冰（大道）、短道速滑（短道）、花样滑冰3个分项。通俗来说，冰上项目包括速度滑冰、短道速滑、花样滑冰、冰球和冰壶共5个项目。这5个项目还可按竞速、竞美、竞智、竞勇等特点来诠释。

竞速的代表是速度滑冰和短道速滑。速度滑冰的绝大多数小项通过计时成绩来决定名次。短道速滑的所有小项都以到达终点的先后决定名次。与速度滑冰相比，短道速滑项目集体出发，弯道多，高速滑行中争先后，对运动员技战术的要求更高。运动员风驰电掣的滑行和惊险刺激的超越是观赏亮点。

竞美的代表是花样滑冰。在音乐伴奏下，运动员在冰面上时而高速旋转，时而凌空跳跃，力与美相得益彰。这种融体育与艺术为一体的优雅运动令人赏心悦目。

竞智的代表是冰壶。冰壶是一项集技术与智力于一身的斗智斗技项目。运动员的每一投都要精心规划线路、力度与旋转，力求冰壶占据最有利得分的位置。

竞勇的代表是冰球。这项运动比拼的不仅仅是球员的滑行能力和战术配合，更时刻会有高速、高强度的身体对抗。比赛过程激情四射，在运动水平接近的情况下，两军相逢勇者胜。

这本《趣赏冬奥——冰上项目》以普通冰雪运动爱好者的视角，提炼出冬奥会观赛中常见的问题，用浅显易懂的语言，介绍了冰上运动的历史起源、项目设置和规则等，为冰雪运动爱好者明明白白地欣赏冬奥提供了一本有趣又实用的"知识读本"。

目录

❄ 第一编　速度滑冰

一、项目历史 / 2

二、速度滑冰与中国 / 4

三、速度滑冰有哪些小项？/ 5

四、速度滑冰规则 / 6

五、速度滑冰需要什么装备？/ 7

六、速度滑冰场地和装备的演变能提高成绩吗？/ 9

七、速度滑冰比赛中也有争议吗？/ 10

八、哪个国家的速度滑冰实力最强？/ 11

九、我国有哪些优秀的速度滑冰运动员？/ 14

十、北京冬奥会速度滑冰观赛指南 / 20

参考文献 / 22

❄ 第二编　短道速滑

一、项目历史 / 26

二、短道速滑与中国 / 28

三、短道速滑和速度滑冰的场地一样吗？／31

四、短道速滑有哪些小项？／31

五、短道速滑的规则／32

六、短道速滑最快能滑多快？／33

七、短道速滑的装备／33

八、短道速滑有哪些犯规行为？／35

九、短道速滑是哪些国家的优势项目？／36

十、短道速滑的传奇人物／37

十一、我国有哪些短道速滑优秀运动员？／40

十二、北京冬奥会短道速滑观赛指南／58

参考文献／60

第三编 花样滑冰

一、项目历史／64

二、花样滑冰与中国／67

三、花样滑冰有哪些小项？／68

四、花样滑冰的规则／68

五、花样滑冰越转越快还不晕的奥秘／70

六、花样滑冰有哪些技术动作？／72

七、花样滑冰与其他两个滑冰项目的冰鞋一样吗？／73

八、花样滑冰的冰刀是改进后的吗？／73

九、花样滑冰的服装怎么那么美？／74

　　十、国际知名花样滑冰运动员／75

　　十一、中国知名花样滑冰运动员／81

　　十二、北京冬奥会花样滑冰观赛指南／86

　　参考文献／88

❋ 第四编　冰　球

　　一、冰球运动缘起／92

　　二、冰球运动与中国／93

　　三、冰球打的是什么球？／94

　　四、斯坦利杯有什么故事？／95

　　五、冰球的场地／96

　　六、冰球运动员的装备有多重？／98

　　七、冰球比赛有多少球员参赛？／100

　　八、冰球赛场上的方与圆／101

　　九、谁是冰球比赛的实力王者？／103

　　十、冰球比赛有哪些术语？／104

　　十一、冰球比赛的受罚席有什么用？／109

　　十二、冰球比赛允许打架吗？／111

　　十三、北京冬奥会冰球观赛指南／113

　　参考文献／119

❋ 第五编 冰 壶

一、项目起源／122

二、冰壶的场地／123

三、冰壶怎么玩？／125

四、冰壶比赛怎样得分？／127

五、冰道上的圆规／128

六、冰壶比赛有哪些战术？／131

七、冰壶的刷子是干吗的？／134

八、冰壶的"贵族气息"指的是什么？／137

九、冰壶运动员为什么要大叫？／139

十、冰壶比赛有什么观赛礼仪？／141

十一、北京冬奥会冰壶观赛指南／141

参考文献／144

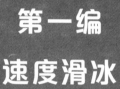

第一编
速度滑冰
SPEED SKATING

大道至简，速度滑冰要在400米的赛道上靠绝对实力比拼。这是一个化石般古老的冰上项目，一个简称"速滑"、俗称"大道"的项目。

一、项目历史

速度滑冰是一项历史悠久的运动。早在11—12世纪，在荷兰、英国、瑞士以及斯堪的纳维亚一些国家的早期文献中就有关于人们将动物骨骼绑在脚上在冰上快速移动的记载，这是滑冰运动的雏形。18世纪，滑冰在英国迅速普及，并很快发展成为一种竞赛活动。19世纪初，以竞速为内容的滑冰比赛在荷兰也开始出现。19世纪40年代，速度滑冰从英国和荷兰迅速传入其他国家，滑冰俱乐部也由此纷纷建立。19世纪末，欧洲的滑冰运动传入中国，逐渐成为北方人民所爱好的冬季运动项目。

在滑冰运动传播过程中，有3位挪威人——阿克塞尔·保尔森（Axel Paulsen）、卡尔·沃纳（Carl Werner）和哈拉尔·黑格（Harald Hager）对世界速度滑冰运动做出了较大的贡献。他们通过到各国比赛和表演，极大地推动了这项运动的普及，扩大了其影响力。其中保尔森发明了管状速度滑冰冰刀。1885年，在德国汉堡（Hamburg）和荷兰吕伐登（Leeuwarden）连续举行了两次大型的国际

第一编 速度滑冰

速度滑冰比赛。在此之后，类似的比赛在挪威奥斯陆（Oslo）和德国汉堡又多次举行。在这些国际比赛活动中，人们遇到最多的问题就是关于比赛的场地规格、比赛项目以及竞赛距离等，针对这些问题，荷兰人提出了双跑道两人一组同时出发以及设立短、中、长距离比赛项目的建议。

1888年，荷兰的建议被采纳。根据这一建议，荷兰和英国共同起草制定了一个规则。于是，国际速度滑冰比赛的基本规则被确定下来。第一次按照新规则举行的国际比赛是1889年在荷兰阿姆斯特丹（Amsterdam）举行的世界男子速度滑冰全能锦标赛（World Allround Speed Skating Championship），此后又连续举办了两年。

1892年7月，在荷兰的倡议下，由荷兰滑冰协会主持，在荷兰鹿特丹北部的斯海弗宁恩（Scheveningen）召开了一次国际滑冰联盟（International Skating Union，ISU，以下简称"国际滑联"）代表大会，这就是世界滑冰史上著名的第一届国际滑联代表大会。这次代表大会选举产生了国际滑联的领导机构，同时为速度滑冰竞赛奠定了良好的基础。

在1924年的首届冬季奥运会（以下简称"冬奥会"），速度滑冰就被列为正式比赛项目，设有男子500米、1500米、5000米、10000米和全能5个项目。从

1928年圣莫里茨冬奥会开始，全能项目被取消。1960年，女子速度滑冰被列入冬奥会比赛项目，从而进一步推动了速度滑冰运动的发展。[1]

二、速度滑冰与中国

中国的滑冰活动历史悠久。早在宋代就出现了由滑雪发展而来的"冰嬉"；元代以后，"冰嬉"更为盛行，而且规模更大；明代有了关于"冰床""冰擦"的记载；清代乾隆年间，官府更设"技勇冰鞋营"，并有一套管理制度和训练方法，管理机构称为"冰处"。

中华人民共和国成立后，青少年参加速滑运动的人数逐年增多，特别是哈尔滨、齐齐哈尔、长春、吉林等城市的群众性冰上运动开展得很活跃。

1953年2月，在哈尔滨市举行了第一届全国冰上运动会，有6个单位参加了速滑比赛，创造了中国第一批速滑纪录。

1961年，在世界女子速滑全能锦标赛上，刘凤荣获得第4名；同年，在世界男子全能锦标赛中，王金玉获得第8名，并在同年9国国际邀请赛中获得全能冠军。

1963年，在世界速度滑冰锦标赛中，王金玉获得男子全能第5名，罗致焕在男子1500米比赛中获得金牌，并创造了该项目锦标赛纪录；女运动员王淑媛获得1000米的第 2 名和全能第 6 名。

1980 年，中国速滑队参加了美国普莱西德湖冬奥会。

2014 年 2 月 13 日，索契冬奥会速度滑冰女子 1000 米决赛，中国选手张虹以 1 分 14 秒 02 夺得金牌，这是中国冬奥会历史上首枚速滑金牌，创造了新的历史。

三、速度滑冰有哪些小项？

在 2022 年北京冬奥会中，速度滑冰设置了 14 个小项的比赛，包括男子与女子共有的 500 米、1000 米、1500 米、团体追逐（Team Pursuit）、集体出发（Mass Start），以及男子 5000 米、女子 3000 米、男子 10000 米、女子 5000 米。一共将产生 14 枚金牌。

个人比赛每组两名选手，分别从内道和外道出发，道次分配由抽签决定。每滑行一圈双方都要交换赛道。根据滑行成绩排列名次，用时少者获胜。团体追逐赛每组两队，每队 3 名选手，从相对的直道上同时出发，男子滑行 8 圈、女子滑行 6 圈后，以最后通过终点选手的时间决出胜负。集体出发比赛，选手在起跑处站成几排，每排最多 6 人，出发后第一圈只能跟随 1 号选手滑行，等到再次鸣枪才能加速超越。

速度滑冰项目众多,技战术安排尤为重要。短距离比拼的是速度,长距离节奏为王,合理分配体力才能笑到最后。[2]

四、速度滑冰规则

个人比赛每组2名选手,逆时针方向滑跑,即跑道内沿在运动员左侧。运动员分组进行比赛,起始跑道由抽签决定,每滑行一圈双方都要交换赛道。为了避免运动员冲撞,规则规定了外道选手拥有换道优先权,如选手在换道时发生冲撞,则判内道选手失去比赛资格。根据滑行成绩排列名次,用时少者获胜。

团体追逐赛每组2队,每队3名选手,从相对的直道上同时出发。比赛只使用一条跑道,如使用标准场地内道和热身道之间的分界线。各参赛队的每位选手都要佩戴不同的标识。第一名选手应佩戴1号白色袖标,第二名选手应佩戴2号红色袖标,第三名选手应佩戴3号黄色袖标,第四名选手应佩戴4号蓝色袖标。裁判长可自行决定用头盔罩或头盔代替袖标。该项目男子比赛需要滑行8圈,女子比赛需要滑行6圈,以最后通过终点选手的时间决出胜负。

集体出发比赛,比赛场地没有划分间隔跑道,选手在起跑处站成几排,每排最多 6 人,需要在跑道上滑行 16 圈。出发后第一圈只能跟随 1 号选手滑行,等到再次鸣枪才能加速超越。选手的成绩由积分决定,积分通过途中冲刺和终点冲刺获得:第 4/8/12 圈冲刺时,暂时的前三名将分别获得 5/3/1 的积分;最终冲过终点的前三名将获得 60/40/20 的积分。冲刺积分总和将决定参赛选手的最终成绩和最终排名。

五、速度滑冰需要什么装备?

速度滑冰赛道长、速度快,对服装的选择都要考虑风的阻力的因素,对冰鞋与冰刀也有特殊要求。

服装:速滑运动员穿尼龙紧身全连服(帽、衣、裤、袜、手套连在一起)。由于尼龙服保温性不好,在温度较低的气候条件下,运动员需要穿贴身的棉毛内衣。男运动员还要穿三角裤衩或护身。天气奇寒时则应在膝、胸等部位垫上防风纸或其他物品。做准备活动时,运动员冰鞋要套上保温性能较好的鞋套,以防脚冻伤;练习时,要穿保暖服。现代速度滑冰服装很薄,紧身服将帽子、上衣、裤子连成一体,在髋关节、膝关节、踝关节特别紧,以至于能牢牢绑住关节部分,最大限度地与人体肌肉线条贴合在一起,从而让运动员表现更加稳定。这些比赛服装都是由富有弹性且具备防切割功能的材料制成，并经过严格的风洞测试，把阻力降到最小。

冰鞋：速滑冰鞋主要由优质厚牛皮制成，并用玻璃纤维和碳钢加固。速滑冰鞋为半高腰瘦长形，鞋跟部为坚硬式，以包围和固定脚跟。鞋底为硬皮，冰刀以螺钉或铆钉固定在鞋底上。相对于短道速滑的冰鞋，速度滑冰冰鞋的鞋帮较低，能够更好地保证踝关节的灵活性。这是因为速度滑冰场地较大，弯道半径大，虽没有短道速滑弯道离心力大，但是直道较长，滑行者需要更灵活地移动重心来保证直道部分的滑行速度。

冰刀：速滑冰刀由刀刃、刀身管、前小刀托、前大刀托、前托盘、后刀托和后托盘等部分组成。速度滑冰冰刀的刀体长，刀刃弧度小，刀刃和冰面接触面积大，转弯半径大，适用于大跑道长距离滑行。

比赛用的高级速滑冰刀由优质高碳钢和轻合金制作而成，刀刃非常耐磨。冰刀在冰鞋下方，比冰鞋长，底板和刀刃是冰刀的主要组成部分。冰刀的前后端都比冰鞋长，前端比鞋尖长8～9厘米，后端比鞋跟长5～6厘米。左脚和右脚的冰刀固定在冰鞋上的位置是有差异的，这是由比赛弯道的方向决定的。过弯道时，运动员的身体向左倾斜。为适应弯道滑行，装冰刀时应该让左脚的冰刀尖处于大脚趾和二脚趾之间，右脚的冰刀尖应处在大脚趾的位置，不论哪只脚，冰刀的末端都应在鞋跟的中部位置。冰刀和冰鞋是成套组合在一起的，具体来说，冰刀的尺寸样式依据冰鞋的鞋码而定。[3]

六、速度滑冰场地和装备的演变能提高成绩吗？

当皑皑冰雪覆盖大地，居住在严寒地带的人类就开始琢磨如何能快捷地在冰天雪地中穿行。最初他们以木头制成的爬犁作为冰面上的运输工具，这确实省了不少力气，但没过多久木头的弊端就显现了出来：不好控制，不够光滑，很容易摔倒。

后来，荷兰人将马骨磨出光滑的底面，并在马骨上钻出小孔，将皮带穿过小孔像鞋带一样彼此缠绕，利用皮带将马骨固定在脚上。那时候人们穿着骨制冰刀可不像现代人穿冰鞋滑得这么游刃有余，他们都是协同"作战"——好几个人同时站在由皮绳子捆绑在一起的骨头上，大家每人手里都拿着一根长长的棍子，一起努力将这个巨大的骨头"冰鞋"滑动起来。这就是人类最原始的冰上滑行工具——骨制冰刀。不仅在荷兰，瑞士、英国等一些国家早期的文献中，也有关于人们将兽骨绑在脚上滑行于冰面的记载。

大约在1250年，不满足于骨制冰刀的荷兰人开始探索有关冰刀的更多领域。他们发明了铁制冰刀,这种冰刀可比绑在鞋上的兽骨滑行速度快了很多,而且易于操控。那些用于支撑的长木棍统统被丢掉,只需要轻轻一蹬,就可以在冰面上滑行。于是,铁制冰刀迅速盛行于整个欧洲。

1572年,一位苏格兰人制造了第一副全铁制冰刀。后来,挪威速滑选手阿克塞尔·保尔森(Axel Paulsen)发明了管状速度滑冰冰刀。

20世纪90年代中期,继16世纪钢制冰刀的出现和19世纪管状结构冰刀发明之后,速度滑冰冰刀又经历了一次改革。一种被称为"克莱普"(Clap skate)的新式冰刀出现了,其最大的特点就是只有前点与冰鞋固定连接,后点与冰鞋不固定,从而延长了蹬冰距离,优化了动作结构,提高了滑行速度,使其在结构上更加符合运动学、动力学和人体形态学的要求。"克莱普"冰刀的出现,使速度滑冰运动的成绩得到了迅速提高。

七、速度滑冰比赛中也有争议吗?

由于存在交换赛道的规则,为了避免选手冲撞,规则规定了外道选手拥有换道优先权,如选手在换道时发生冲撞,则判内道选手失去比赛资格。而当选手在同一跑道内前、后滑跑时,后者必须与前者保持5米的距离,或者超越前者，但不得平行滑跑或带跑；后者可以由内侧或外侧超越前者，但不得妨碍前者，如因此发生碰撞，则取消后者的该项比赛成绩。但后者要超越前者时，前者不得阻碍后者的超越，否则将取消前者的该项比赛成绩。

虽然已经制定了详尽的规则避免运动员冲撞，但在实际的比赛场上情况通常瞬息万变、更为复杂，在同场人数更多的团体赛、集体出发赛中尤甚，加上冰上项目的高失误性，运动员的身体对抗与意外情况基本难以避免。此时，如果判罚不公平、公开、透明，甚至偏袒一方，就容易引发巨大的争议。

对于一项运动来说，"不公"永远是摧毁这项运动最直接的方式。在奥运会赛场上，公平远比金牌重要。

八、哪个国家的速度滑冰实力最强？

答案是荷兰。在 2018 年平昌冬奥会荷兰派出的参赛选手中，20 名速度滑冰选手占据大半江山。参赛选手如此"偏科"向来是荷兰队的风格，一方面，说明他们速度滑冰的实力强大；另一方面，说明除了短道和速滑，他们的冬奥项目都不怎么具备竞争力。最终，他们在平昌冬奥会 14 个速度滑冰比赛项目上获得了 7 金 4 银 5 铜。而在距此 4 年之前的索契冬奥会中，荷兰在 12 个速滑项目中也获得了 8 金 7 银 8 铜的惊人成绩。截至北京冬奥会开赛之前，荷兰总计赢得了 130 枚冬奥会奖牌，其中有 123 枚来自速度滑冰项目。

此外，冬奥会速滑历史第一人，名将斯文·克拉默（Sven Kramer）同样来自荷兰。他在 2018 年平昌冬奥会速度滑冰 5000 米赛场上，以 6 分 09 秒 76 的成绩刷新了自己保持的奥运纪录并夺得金牌，成为实现一个项目三连冠的冬奥速滑第一人。[4]

几乎每届冬奥会，面对"速滑金牌收割机"的荷兰队，全球媒体都会追根溯源、探因解密。美国国家广播公司（National Broadcasting Company，NBC）王牌主持人凯蒂·克里奇（Katic Couric）在平昌冬奥会开幕式上说："荷兰速度滑冰之所以那么强，是因为荷兰有很多运河，冬天结冰之后，荷兰人会滑冰去往各处，相互比拼、玩耍。"这在多数人看来很符合"群众基础决定竞技水平"的判断，却在荷兰国内引起了轩然大波，荷兰人纷纷认为这名女主持人简单化了荷兰为速度滑冰项目做出的努力。

谈及荷兰速度滑冰长盛不衰的根源，荷兰速滑运动员艾斯米·维塞尔（Esmee Visser）说："荷兰国内有很多家专业滑冰俱乐部，大部分由企业、个人支持，他们聘请最高水平的教练、培养最有天赋的运动员、参加最高水平的比赛。"听起来，与职业足球、职业篮球俱乐部非常相似。

实际上也的确如此，荷兰国内多家滑冰俱乐部中，有一家的投资人就是前荷兰足球名宿罗纳德·德波尔（Ronald de Boer）。

除了体制上的创新外，荷兰速度滑冰项目的科技探索、科学训练也一直走在世界前列。如今已经在速滑赛场普及的克莱普冰刀，也就是冰鞋后侧和冰刀脱离的速滑鞋，最早就是由荷兰阿姆斯特丹大学科学家纽斯·考宁发明的。"跨界选材"也是荷兰的经验。通过大量分析、实验，荷兰速滑人认为自行车项目和速度滑冰项目在运动员肌肉发力方面特点较为一致，所以早早就尝试从自行车项目跨界选材，如今声名显赫的"荷兰飞人"克拉默年轻的时候就曾拿过荷兰青少年自行车冠军。即便成为速滑运动员，包括克拉默在内的荷兰队员也会保持高强度的自行车训练。他们经常在速滑馆周边，身穿橙色外套、脚蹬橙色自行车进行公路训练。

由于深厚的项目底蕴和出色的战绩，速度滑冰项目早已成为荷兰人生活中不可或缺的一部分。在2018年平昌冬奥会期间的江陵速滑馆，橙色衣着的荷兰助威团数量是仅次于东道国观众的；而在比赛间隙，组织方也会安排身穿传统荷兰服装、脚蹬荷兰木鞋的荷兰乐队演奏。有媒体幽默地写道：无论是在赛场上还是赛场外，荷兰人都是赢家。[5]

九、我国有哪些优秀的速度滑冰运动员？

1. 张虹

"希望大家都可以通过体育运动，给生活带来快乐，带来更多的目标；也希望体育运动会陪伴每一个人去成长，让大家在生活中充满希望，这就是我想去传递的奥林匹克精神。"索契冬奥会速度滑冰冠军、国际奥委会委员张虹如是说道。[6]

张虹在 2014 年索契冬奥会速度滑冰女子 1000 米决赛中，滑出了 1 分 14 秒 02 的成绩，力压其他选手夺冠，这是中国冬奥会历史上的第一枚速度滑冰金牌。

1995 年，7 岁的张虹开始接触滑冰项目。2000 年，12 岁的张虹进入哈尔滨市队。张虹早期练习的是短道速滑，且在 2003 年第十届全国冬季运动会得到单项第 6 名。张虹在短道速滑上也曾拿到过全国锦标赛冠军，但却因为身材有点高，一直没有入选国家队。

2008 年 1 月，张虹作为一名短道速滑选手参加了第十一届全国冬季运动会。此后，张虹改练速度滑冰。正式转项后，张虹在国内外各种比赛中多次获得好成绩，并在 2014 年索契冬奥会速度滑冰女子 1000 米决赛中一举夺魁，实现了中国速滑冬奥会金牌零的突破。

2018年退役后,她成功当选国际奥委会运动员委员会委员,同时还身兼北京冬奥组委运动员委员会委员、2026年冬奥会评估委员会委员、2024年江原道冬青奥会协调委员会主席等职。

从运动员到运动员委员会委员,换了身份的张虹,一样的是都要专注地去做事,不一样的是这次代表的不再是她个人,而是项目和国家。

2. 叶乔波

叶乔波9岁被选入长春市体校速滑班,只经过一个多月训练,就打破了长春市儿童组500米纪录;一年后,她包揽了吉林省儿童组比赛3项第一名。1976年,八一速滑队队长张继忠和教练肖汉章到长春选拔运动员,叶乔波被选中,以不到13岁的年龄特招入伍,成为该队年龄最小的运动员。

进入八一队后,叶乔波开始了更为专业的训练。当时国内没有室内冰场,只能在湖上或江上滑野冰。为寻找可以尽早上冰训练的地方,不到13岁的叶乔波和队友在接近-40℃的低温里,坐着敞篷汽车,到黑河、嫩江、海拉尔、齐齐哈尔等地训练,每堂课一滑就是3小时。

"我们每天要开车半小时才能到达训练地点,外面刮着五六级寒风,到了地方都被冻得没了知觉,但又要马上训练。"回忆起当时的情景,叶乔波深有感触:"那时我年龄最小，几乎每天都是哭着训练。"所以她有两个绰号——"哭波精"和"拼命三郎"。

叶乔波说："当时条件非常艰苦，早上起来被子上都是一层霜，冰鞋冻在地上，拿不起来。"即便如此，每天从早到晚8～10小时的训练，几乎贯穿了她21年的运动生涯。

功夫不负有心人，经过不懈坚持和努力，叶乔波得到回报——在1991年世界女子速滑全能锦标赛500米比赛中，她赢得一枚金牌；同年3月，她在德国因策尔获得世界短距离速滑锦标赛（World Sprint Speed Skating Championship）女子短距离全能银牌，被外媒称为"中国的银姑娘"。

1992年2月，叶乔波在法国阿尔贝维尔第一次参加冬奥会。在自己擅长的500米速滑比赛中，她由外道滑向内道实施超越时，由于内道选手没有按规则让道，两人的冰刀和身体先后碰撞两次，最终叶乔波仍以40秒51获得该项目银牌，收获我国冬奥会历史上第一枚奖牌。

忆起当年的情景，叶乔波不无遗憾地说："当时的裁判长来自美国，他情不自禁地会帮助美国选手夺冠，所以比赛一结束，他就从场地中间下到地下通道，躲了起来，我们想申诉根本找不到他，而我穿着冰刀，也无法在石灰地上去追他。因为我国冰上运动发展得晚，缺少参加国际大赛的经验,在场的同行也不了解这种情况下的比赛规则,担心如果申诉重滑,万一成绩不理想而丢掉已经到手的银牌,索性放弃了申诉。后来大家才知道,如果重赛,最终成绩是取两次比赛的最好名次。"

同年,在挪威举行的世界短距离速滑锦标赛上,叶乔波夺得女子短距离全能桂冠,成为亚洲第一位短距离速滑全能冠军,一年后她又成功卫冕。此外,她还创造了世界冰坛罕见的500米大满贯。

1994年利勒哈默尔冬奥会上,叶乔波为中国代表队再添一枚铜牌。在赛后的手术中,医生惊讶地发现她左膝盖的两侧韧带和髌骨早已断裂,腔内有8块游离的碎骨,骨骼的相交处呈锯齿状。她说:"到了最后一场比赛,我真的是毫无保留的,我想我一生都可以交待在这场比赛上。再苦,再累,再疼,我都要顶住。"[7]

退役后,她致力于积极推广冬季运动。叶乔波为我国冰上运动做出了重大贡献,而她不断努力超越自我的拼搏精神更值得钦佩。

3. 罗致焕

说起中国冰雪项目,有一个人不得不提,他就是在1963年世界速度滑冰锦标赛上为中国队带来了第一个冬季项目冠军的罗致焕。

1941年,罗致焕出生于黑龙江省海伦市,13岁开始学习滑冰，1960年加入黑龙江队，同年被选入国家队。

1963年，世界速度滑冰锦标赛第一次在亚洲举办。在那以前，参加世界速度滑冰比赛对于我国选手来说条件很苦，时差还没有倒过来就要比赛了，有时很难发挥正常水平。而1963年日本轻井泽世界速度滑冰锦标赛对于我国选手就非常有利，但这枚金牌得来也非常不易。

男子1500米速滑比赛发令枪响起时，罗致焕和实力雄厚的挪威选手伊瓦尔·默（Ivar Moe）迅速出发，他先以26秒7滑完前300米，接着又以32秒9滑完一圈，遥遥领先于对手。

第二圈时，罗致焕用时33秒9，将比赛气氛推向了高潮。最后他采用了提前冲刺的战术，以2分9秒2的优异成绩战胜了一直紧随其后的伊瓦尔·默，创造了世界锦标赛男子1500米的新纪录，并取得金牌，成为第一个获得冬季项目世界冠军的中国选手。

谈及获得金牌，罗致焕回忆说，当年他拿到1500米速滑世界冠军后，在颁奖台上，组织方给他的奖品很特别，是一个嵌着他夺冠照片的相框，和其他欧美选手的奖品都不一样。对此，好多国家的代表团都提出了质疑，结果在第二天，大会组委会就给他送来补发的奖品——一台崭新的富士相机。

1970年，罗致焕开始任黑龙江省队教练，之后多次调任国家队教练。他曾两次获国家体育运动荣誉奖章。1994 年,早已退役多年的罗致焕以教练员身份第一次参加了利勒哈默尔冬奥会,圆了自己的奥运梦想。[8]

4. 高亭宇

高亭宇 1997 年出生于黑龙江省伊春市,从 8 岁起练习滑冰,2011 年进入黑龙江省冰上训练中心速度滑冰队青年队,2015 年入选速度滑冰国家队。

2017 年札幌亚洲冬季运动会上,未满 20 岁的高亭宇第一次参加国际大赛就以 34 秒 69 的速度刷新了亚洲纪录和亚洲冬季运动会纪录,为中国速滑队赢得了札幌亚洲冬季运动会首金。

男子项目曾是中国速滑相对薄弱的环节,但在 2018 年平昌冬奥会上,高亭宇表现优异,获得男子速度滑冰 500 米季军,实现了冬奥会男子速度滑冰中国队奖牌零的突破,一举创造了历史,让国人为之振奋。张虹评价道:"高亭宇是非常有实力的,随着年龄的增长,他的力量也会增强,未来的潜力不可估量。"[9]

高亭宇表示,能够取得今天的成绩,并不是自己有多优秀,而是很幸运,赶上了一个好时代。"在奥林匹克发展的历史上,中华民族从来没有像现在这样扬眉吐气过,积贫积弱的旧中国曾经只派刘长春一人参加奥运会,并且草草收场。在中国共产党的领导下,国家快速发展、日新月异，我国的体育事业也从小到大，从弱到强，取得了举世瞩目的成绩。正是祖国的繁荣强大，给我们创造了好的机会和训练条件，才成就了一大批杰出运动员。"[9-10]

十、北京冬奥会速度滑冰观赛指南

国家速滑馆又称"冰丝带"，是 2022 年北京冬奥会唯一新建的冰上竞赛场馆，与"鸟巢""水立方"共同组成"双奥之城"的标志性建筑群。

"冰丝带"是冬奥会历史上第一个使用二氧化碳作为制冷剂的速滑场馆，将承担速度滑冰项目的比赛，产生 14 枚金牌，是北京冬奥会产生金牌数量最多的单个场馆。

北京冬奥会速度滑冰比赛的赛程见表 1-1。

表 1-1　北京冬奥会速度滑冰比赛的赛程[1]

日期	比赛开始时间	项目	比赛场地	地址
2022-02-05	16:30	女子3000米决赛	国家速滑馆	北京市朝阳区近奥林匹克公园林萃路2号
2022-02-06	16:30	男子5000米决赛		
2022-02-07	16:30	女子1500米决赛		
2022-02-08	18:30	男子1500米决赛		
2022-02-10	20:00	女子5000米决赛		
2022-02-11	16:00	男子10000米决赛		
2022-02-12	16:00	男子500米决赛、女子团体追逐四分之一赛		
2022-02-13	21:00	女子500米决赛、男子团体追逐四分之一赛		
2022-02-15	14:30	男子团体追逐决赛、女子团体追逐决赛		
2022-02-17	16:30	女子1000米决赛		
2022-02-18	16:30	男子1000米决赛		
2022-02-19	15:00	男子集体出发决赛、女子集体出发决赛		

参考文献

[1] 叶铭. 冬季奥运会体育欣赏 [M]. 上海：立信会计出版社，2018：72-80.

[2] 北体大冰雪. 知乎丨带你走进速度滑冰的世界 [EB/OL]. (2020-04-27) [2021-10-16]. https：//zhuanlan. zhihu. com/p/136714831.

[3] 刘悦滨. 当代运动与艺术潮流滑冰、滑雪及旱冰赏析 [M]. 长春：吉林出版集团有限责任公司，2015：10.

[4] 邢翀. 荷兰神人成冬奥历史第一人 克雷默：我还在进步 [EB/OL]. (2018-02-11) [2021-10-17]. http：//sports. sina. com. cn/others/winter/2018-02-11/doc-ifyrmfmc1783395. shtml.

[5] 荷兰速度滑冰"梦之队"是如何炼成的？[EB/OL]. 中国体育报. （2018-02-18）［2021-10-17］. http：//www. sport. gov. cn/n4/n14896/n14899/c847961/content. html.

[6] 深圳体育健康特搜组. 独家专访索契冬奥会速度滑冰冠军张虹：注定要与滑冰结下一世情缘 [EB/OL]. （2021-03-11）［2021-10-17］. https：//new. qq. com/omn/20210311/20210311A0771400. html.

[7] 冬奥人物｜叶乔波：故事里不只是不褪色的历史瞬间[EB/OL]．（2018－11－08）[2021－10－17]．https：//www.ydyeducation.com/index/new/news_detail/dict_id/14/nav/nav_ydy/id/5995.html.

[8] 鸢台．冰雪人物志：中国冰雪第一人 金牌背后的艰辛[EB/OL]．（2020－12－03）[2021－10－17]．https：//www.sohu.com/a/435947951_114977.

[9] 袁虹衡，李远飞，孔宁．高亭宇创造中国男子速滑历史 获平昌冬奥会速滑500米铜牌[N]．北京晚报，2018－02－20.

[10] 张士英．高亭宇 为了国家荣誉奋勇拼搏[N/OL]．光明日报，2021－06－15[2021－10－17]．https：//news.gmw.cn/2021－06/15/content_34921364.htm.

[11] 北京冬奥组委．北京2022年冬奥会竞赛日程 第十一版[Z]．2021.

第二编
短道速滑
SHORT TRACK
SPEED SKATING

战术千变万化，像风一样飞驰，决胜在秒的千分位，这就是短道速滑！

一、项目历史

19世纪80年代，冰球运动在加拿大迅速普及，为摆脱严寒，一些地区相继修建起室内冰场。于是，一些速度滑冰爱好者便经常集聚到室内冰场进行练习或追逐比赛。

19世纪90年代中期，自发的室内速度滑冰比赛在加拿大蒙特利尔、魁北克市以及温尼伯等城市相继出现。当时参加室内比赛的选手中，有业余爱好者也有运动员，如1893年、1895年以及1896年世界速度滑冰全能锦标赛冠军获得者荷兰的杰普·伊登（Jaap Eden）和早期速度滑冰世界纪录创造者挪威的阿克塞尔·保尔森（Axel Paulsen）以及加拿大速度滑冰运动员路易斯·鲁本斯坦（Louis Rubenstein）等，而且就是保尔森发明了室内短道速度滑冰的冰刀。

19世纪90年代末，欧洲的速度滑冰运动员开始进入室内训练或比赛。

1905年，加拿大首次举行室内速度滑冰公开赛，标志着短道速度滑冰的诞生。不久，美国也相继举行了室内速度滑冰比赛。由于这种形式的速度滑冰比赛是在室内进行的，而且跑道较短，所以就命名为"短道速度滑冰"（简称"短道速滑"）。

20世纪20年代末开始，短道速滑逐渐从美洲传入欧洲。

1969年，第三十三届国际滑联代表大会在英国梅登黑德（Maidenhead）举行。在这次大会上，加拿大代表向国际滑联成员印发了《短道速度滑冰规则》(*General Regulations of Short Track Speed Skating*)，会议决定成立旨在推进这项运动发展的"关系委员会"。通过两年的工作，关系委员会提出了一项关于成立短跑道速度滑冰技术委员会的议案。

1975年，第三十六届国际滑联代表大会决定设立短跑道速度滑冰技术委员会，并选举产生了组织机构，英国的欧内斯特·马修斯（Ernest Matthews）当选为首届主席。

1976年，经国际滑联承认和支持的首届国际短跑道速度滑冰锦标赛在美国伊利诺伊州尚佩恩（Champaign）举行。奥地利、比利时、加拿大、法国、联邦德国、英国、意大利、挪威、瑞典和美国共10个国家派出了代表队。比赛的项目有男子和女子500米、1000米、1500米、3000米，以及男子3000米接力、5000米接力和女子3000米接力。

1988年，短道速滑被列为冬奥会表演项目。

1990 年，第四十三届国际滑联代表大会在英国克赖斯特彻奇（Christchurch）举行，会议决定从 1992 年开始，冬奥会和世界锦标赛短道速滑场地大小定为 30 米×60 米，标准的短道速滑比赛赛道周长为 111.12 米。

1991 年开始，国际滑联决定定期举行世界短道速滑团体锦标赛。

1992 年，短道速滑纳入冬奥会正式比赛项目，设男子 1000 米、5000 米接力，以及女子 500 米、3000 米接力。

1994 年，利勒哈默尔冬奥会增设短道速滑男子 500 米和女子 1000 米。

2003 年，开展短道速滑的国家和地区已由 20 世纪 70 年代初的 10 个发展到 59 个。

2018 年 7 月，国际奥委会执行委员会将短道速滑混合团体接力项目列为 2022 年北京冬奥会正式比赛项目。[1]

二、短道速滑与中国

1981 年，短道速滑传入中国。

1982 年，国家体委正式决定在中国开展短道速滑运动，并将其列为全运会比赛项目，国际滑联也将短道速滑列为亚洲冬季运动会正式比赛项目。从此，中国各省、市、自治区纷纷组建短道速滑队。黑龙江省有了6支短道速滑训练队。当时，短道速滑隶属于速度滑冰，在速度滑冰训练机构内设立短道速滑训练组。

1983年2月，黑龙江省体委派金汉珠、杨万全教练带8名短道速滑队员去日本学习、考察。他们在日本东京、名古屋、京都等城市同日本国家队进行共同训练，并参加了在京都举行的全日本都道府县短道速滑对抗赛，这是中国短道速滑运动员第一次参加国际性比赛。同年，短道速滑被国家体委列为年度全国比赛和全国冬季运动会正式比赛项目。

1987年，李金艳在第六届全国冬季运动会上打破了女子3000米短道速滑世界纪录。

1988年冬奥会，短道速滑是表演项目，李琰获得女子1000米金牌并刷新两项世界纪录。

1989年，郭洪茹收获了中国短道速滑的第一个世界锦标赛冠军。

1992年，李琰在阿尔贝维尔冬奥会上获得女子500米短道速滑银牌，这是中国短道速滑第一枚奥运奖牌。

1995年，在世界短道速滑锦标赛上，中国队获得短道速滑第一枚集体项目金牌——女子3000米接力金牌。

1996年，李佳军在世界短道速滑锦标赛男子1000米项目上夺得金牌，他也成为中国在短道速滑项目上的第一个男子世界冠军。

1997年,杨扬在日本长野举行的世界短道速滑锦标赛上获得中国第一个全能世界冠军。

2002年,在美国盐湖城冬奥会上,杨扬夺得短道速滑500米、1000米两枚金牌,为中国实现了冬奥会上金牌零的突破。

2006年,在都灵冬奥会上,王濛获得短道速滑女子500米冠军。

2010年,中国女队包揽温哥华冬奥会短道速滑女子项目全部金牌,分别为女子500米(王濛)、女子1000米(王濛)、女子1500米(周洋)、女子3000米接力(王濛、周洋、张会、孙琳琳)。在女子3000米接力中,中国队以4分06秒610的成绩勇夺冠军并打破世界纪录。在温哥华冬奥会上,王濛一人包揽3枚金牌,成为到目前为止获得冬奥会金牌、奖牌最多的中国运动员。

2014年,索契冬奥会短道速滑项目中,周洋在女子1500米决赛中成功卫冕,李坚柔获得女子500米金牌。

2018年2月22日,武大靖在平昌冬奥会短道速滑男子500米决赛中以39秒584的成绩打破世界纪录并且为中国代表团夺得平昌冬奥会唯一一枚金牌,这也是中国短道速滑队首次在冬奥会男子项目中夺得金牌。

三、短道速滑和速度滑冰的场地一样吗？

短道速滑比赛场地为30米×60米，赛道周长111.12米，弯道半径8米，直道长28.85米，直道宽不小于7米。

北京冬奥会短道速滑比赛场地采用最新环保的二氧化碳跨临界直接制冷技术制冰，冰面温度-8～-7℃、厚度3～4厘米。场地四周防护垫用防水材料制成，可自然移动，在运动员发生碰撞时能起到缓冲作用。

速度滑冰比赛是在周长400米的跑道上进行的，比赛道由两条直道和两条180度的弯道连接而成，分内、外两条比赛道和最内侧的练习道，道宽4～5米。内比赛道的内圈半径为26米，外比赛道的内圈半径为30米。

北京冬奥会速度滑冰比赛场地采用先进、环保的二氧化碳制冷技术，冰面温度-10.5～-6℃、厚度2.5厘米。

 四、短道速滑有哪些小项？

短道速滑包括男子和女子500米、1000米、1500米个人赛，以及男子5000米接力赛、女子3000米接力赛。

在 2022 年北京冬奥会上，还新增了混合团体 2000 米接力赛。北京冬奥会短道速滑比赛在首都体育馆进行，一共将产生 9 枚金牌。

五、短道速滑的规则

短道速滑比赛以到达终点的先后顺序论胜负，一般进行 3～4 轮，接力比赛分为半决赛和决赛两轮进行。短距离和接力比赛 4 人（队）一组，长距离比赛 6 人一组。接力比赛通常每人每次滑 1～2 圈进行替换，替换采用推接方式在直道上进行。比赛还剩 3 圈时，发令员鸣枪示意，最后 2 圈一般由同一名队员完成。

短道速滑赛制采用淘汰制。首先小组预赛，前 2～3 名进入下一轮，即复赛；以此类推，复赛每个小组的前 2～3 名进入半决赛，半决赛的前 2～3 名进入决赛。通常 500 米、1000 米决赛只有 4 人参加，1500 米决赛可有 6 人参加，3000 米可有 8 人参加。运动员在同一起跑线上起跑出发。首轮比赛站位通过抽签决定，其后各轮次均按照上一轮比赛成绩分配道次，成绩优者排在内道。比赛途中在不违反规则的前提下运动员可以随时超越对手。如用身体碰撞、绊人以及用手推拉等，则将受到取消比赛资格的处罚。违规被取消资格的选手，无法进入下一轮的比赛。[2]

六、短道速滑最快能滑多快?

目前,短道速滑男子 500 米世界纪录为 39 秒 505,于 2018 年 11 月 12 日由中国选手武大靖在美国盐湖城举行的世界杯分站赛中创造。短道速滑女子 500 米世界纪录诞生于 2019—2020 赛季国际滑联短道速滑世界杯系列赛美国盐湖城站四分之一决赛,由加拿大名将金·布廷(Kim Boatin)创造,成绩为 41 秒 936。[3]

 七、短道速滑的装备

短道速滑比赛扣人心弦,出发,快速占位,控制与反控制,超越与反超越,竞争异常激烈。

短道速滑项目的装备主要由冰刀和鞋子、冰刀养护用品和防护用具组成。

短道速滑的冰刀与大道速滑的冰刀虽然从外观上看有较大的区别,但其结构却是基本相同的。短道速滑的赛道有许多弯道,倾斜角度大。一场比赛的选手人数较多,比赛时选手躲闪的次数多,滑跑的速度快,这就要求冰刀能够适应比赛的特点。和普通冰刀相比,短道速滑的冰刀更高更短,弧度更大,这种设计使得转弯更流畅;刀托是可移动的，滑跑时选手可自行调节刀刃的位置；冰刀管必须是封闭的，刀根必须是圆弧形，此弧形最小半径为 10 毫米。刀管最少有两点固定在鞋上，没有可动的部分。

短道速滑的冰鞋与大道速滑的冰鞋比较相似，不过它的鞋腰更高，鞋底、前鞋帮、后跟两侧都是硬性材质，其他部位为皮制。这样的冰鞋更具稳定性，滑跑时的力量更大。

由于在比赛中经常发生运动员受伤的事件，因此在经过多年的观察后，国际滑联研究认为，短道速滑运动员高危险区域包括颈部、腹股部、腋部、臀部、下臂、手部、膝盖。所以国际滑联要求从 2003 年 7 月 1 日起，所有运动员在参加比赛的时候必须身穿防切割服，以保护自己的安全。根据规定，短道速滑运动员在参加比赛时必须穿着以下防护装备：短道速滑安全头盔、手套、由防割防扎的耐用材料制成的护踝、长袖长裤连身服、带有软垫的硬壳护膝、能够保护颈部动脉的护颈，护颈、手套、紧身服、护腿板都要有防切割功能。

短道速滑选手可使用硬塑料头盔来保护自己，以抵御撞击的伤害。短道速滑安全头盔应符合现行的 ASTM（American Society of Testing Materials）标准。为了防止和减少运动损伤，短道速滑头盔必须是规则形状，不能有任何突起，运动员可以选择佩戴护目镜。护颈和护踝的主要作用是保护运动员的颈部和踝关节部位，它们都为防切割、防刺穿材料。护腿板主要放在防切割服膝关节下带有软垫的部位，用来保护胫骨。目前大多数护腿板都是来自足球运动中的护腿板，广大短道速滑爱好者可以拿足球护腿板来使用。

短道速滑运动员的手套要以防切割为主，兼顾防水性能。所以大多数手套都会使用防切割材质并在手掌内侧挂一层胶，这样可以避免运动员在弯道扶冰过程中弄湿手套。短道速滑手套还有一个特点，就是运动员的左手五只手指处都会粘有树脂或胶质，目的是帮助运动员在弯道扶冰的过程中减少扶冰摩擦力。[4]

八、短道速滑有哪些犯规行为？

比赛过程中，允许运动员相互超越，但不允许碰撞、推人、拉人、阻碍等犯规行为，不允许缩短距离，不允许有援助行为（除了接力比赛外），不允许有危险动作。更不允许故意犯规及粗鲁犯规，否则会被取消比赛成绩。

九、短道速滑是哪些国家的优势项目？

在2019—2020赛季短道速滑世界杯上，6站总成绩排在第二名的中国队拿到了10金11银13铜，而排在第一名的韩国队则拿到了24金20银13铜，其"统治力"之强可见一斑。

短道速滑适合相对灵巧的亚洲人。对比大道速滑，亚洲人在短道速滑中明显更占优势。大道是身体甩开了滑，比硬实力；短道则是策略更占上风，不在于谁的速度更快，而在于比其他人更快。所以，在短道速滑赛场，不仅韩国选手厉害，中国选手、日本选手以及哈萨克斯坦近年来的选手也都不错。当然，传统强国加拿大、美国、意大利，以及最近崛起的欧洲强队荷兰、俄罗斯、匈牙利也都很有实力。不过在短道速滑里面，很少有大个子，超过1.75米都算绝对大个；当然个子也不能太小，矮于1.6米的选手在比赛中进行合理碰撞时就会吃亏。

韩国的短道速滑的群众基础几乎是所有国家里面最好的。韩国的短道速滑历史很悠久，很多战术和训练方式也都是从韩国产生的。同时，韩国国内对该运动项目也非常重视，由于竞争压力大，其队员训练也非常刻苦。一年一度的选拔赛，不断新陈代谢，为新人出头提供机会，激励队员努力。

十、短道速滑的传奇人物

从韩国的安贤洙到俄罗斯的维克多·安（Victor An），他是短道速滑历史上最具传奇色彩的运动员。短道速滑生涯中，他为两个国家共夺得 6 枚冬奥会的金牌，同时是手握世锦赛冠军数最多的男选手。

出生于 1985 年 11 月的韩裔俄罗斯运动员维克多·安，原名安贤洙，两个名字之间承载着一段辛酸历程。

2002 年 1 月，安贤洙开始在国际赛场上初露锋芒，他在世界青年短道速滑锦标赛中获得冠军。年仅 17 岁的安贤洙展示出过人天赋，立刻得到当时韩国短道速滑队主帅全明奎的重用。安贤洙取代了一名受伤的国家队运动员，出征同年的盐湖城冬奥会。

不过，首次冬奥会之旅并不顺利，初次参赛的安贤洙经验不足，加上当时有美国名将阿波罗、中国名将李佳军以及韩国队师兄金东圣在列，安贤洙没能获得任何奖牌。

经历冬奥会失利之后，安贤洙的进步更加神速。随后的两届世锦赛中，他总共拿到 11 枚金牌，逐渐成为世界短道速滑赛场最耀眼的新星。

2006 年都灵冬奥会，是安贤洙职业生涯的第一个巅峰时刻。他先是在短道速滑男子 1500 米比赛中战胜同胞李浩石和中国选手李佳军，获得第一枚冬奥会金牌。随后的男子1000米，安贤洙以遥遥领先的巨大优势，毫无悬念地拿到第二枚金牌。他还率队帮助韩国将5000米接力冠军收入囊中。尽管安贤洙在500米赛场上只获得了铜牌，但冬奥会3金1铜的成绩，让安贤洙成为都灵冬奥会夺得奖牌最多的运动员，同时是单届冬奥会历史上夺取金牌最多的短道速滑运动员。

一时间，安贤洙成为韩国家喻户晓的明星。

伤病是运动员的杀手，正值得意的安贤洙未能幸免。2008年，他在一次训练中严重受伤，一年内接受了4次手术。

"2008年膝盖严重受伤，是我生命中的一个重大转折点。由于伤势严重，并且那时我已经取得了很多成就，许多人建议我退出这项运动。"安贤洙在告别信中写道，但最终他选择坚持留在赛场上。

不过，韩国短道队奉行"金牌至上"的理念，加上韩国冰上竞技联盟（Korea Skating Union）内部斗争激烈，受伤的安贤洙遭到国家队的抛弃。

错过2010年温哥华冬奥会之后，安贤洙与韩国冰上竞技联盟的矛盾日益公开化。随着2011年再次落选国家队，这位短道速滑名将做出职业生涯最重要的决定——远赴俄罗斯。

在安贤洙最无助的时候,俄罗斯不断抛出橄榄枝,表示愿意提供优厚的待遇以及直接入选俄罗斯国家队的条件。2011年11月,安贤洙正式加入俄罗斯国籍。

"不是因为钱,也不是因为那里的训练条件有多好,是至少有队伍可以收留我",安贤洙曾经这样回忆当年接到俄罗斯邀请时的心情。

2014年索契冬奥会,曾被奉为"韩国短道男神"的安贤洙,再一次站在滑冰赛场上。但他身上的队服变成蓝白色俄罗斯战袍,他的名字变为维克多·安。

令冰迷印象深刻的是,他的头盔上还写着"No pain no gain."(没有痛苦就没有收获)的字样。

最先进行的男子1500米比赛中,维克多·安收获一枚铜牌,这是俄罗斯在冬奥会历史上获得的第一枚短道速滑奖牌。

随后,维克多·安的状态愈发神勇,先后在短道速滑1000米、500米和5000米接力项目上夺金,总共为俄罗斯赢得3金1铜的好成绩,成为俄罗斯人的英雄。

维克多·安在赛场上卖力挥舞俄罗斯国旗的同时,旧主韩国男队在当年却颗粒无收。这刺激着民粹情绪严重的韩国国内舆论,"叛逃"成为不少韩国民众贴在维克多·安身上的标签。

但维克多·安并不忌讳,他在告别信中回忆道:

"2011年,我成为俄罗斯公民。在我人生的艰难时期,俄罗斯支持了我,我有机会再次参加大型体育赛事。俄罗斯在我心里占据着重要位置。"

2018年平昌冬奥会,维克多·安原本有机会回到家乡,完成自己的奥运谢幕演出。但受俄罗斯兴奋剂制裁事件的牵连,他最终无缘平昌。

至此,总计6枚金牌,维克多·安是冬奥会历史上拿到冠军数量最多的短道速滑运动员。此外,这位传奇名将还6次荣膺世锦赛个人全能冠军。

他的退役,意味着短道速滑一个时代的落幕。[5]

十一、我国有哪些短道速滑优秀运动员?

短道速滑在亚洲、北美和欧洲较为普及,中国运动员表现突出,杨扬获得过59个世界冠军,王濛10次打破世界纪录。2018年平昌冬奥会上,武大靖为中国队夺得一枚宝贵的金牌。

1. 杨扬

1976年,杨扬出生于黑龙江省佳木斯市汤原县。与一般爱哭爱闹的孩子不同,杨扬从小便安安静静,几乎从来都不哭,于是妈妈给她取了"冰心"的小名,意思是"像冰一样沉静的心肝",却没想到这随口而来的小名预言了杨扬"与冰为中心"的一生。

小时候,杨扬上学、放学都会路过一个冰场,当时看到小哥哥小姐姐们在训练,杨扬都会十分羡慕,她想,自己如果有成为滑冰运动员的一天,该多好啊。

杨扬喜欢自由飞驰的感觉,只要一上冰,就开心得不得了。

1984年,体校老师到小学选拔选手,四十多位学生,经过两周的筛选,最后只留下了四个人,而杨扬就是其中一个。

当时杨扬个子比较矮小、体能也比较薄弱,所以想要取得好成绩,那就必须比别人付出更多的努力。

虽然杨扬一腔热血地想要成为一名滑冰运动员,但是妈妈一方面觉得训练实在太艰苦了,另一方面也害怕一门心思都扑在了滑雪上的杨扬会放松了学习。

杨扬为了打消妈妈的顾虑,向妈妈承诺说自己如果学业水平下滑了就再也不滑冰了。看着女儿如此坚定,妈妈这才同意了。

从那以后,杨扬一边滑冰、一边刻苦学习,滑冰和学习一样都没有落下。

为了激励自己,12岁的杨扬写了一篇日记《怎样对待苦与累》。她在日记中写道:"如果怕苦怕累,即使是天才也会被淘汰的。"

1995年,杨扬如愿进入国家队。同年2月,杨扬参加了在西班牙举行的世界冬季大学生运动会,与队友合作,以打破女子3000米接力世界纪录的成绩获得了女子3000米接力的金牌,这也是她获得的首枚世界级金牌。

1998年长野冬奥会,杨扬首次站上冬奥会的舞台。由于此前她已经参加过不少国际大赛,有丰富的大赛经验,也拿过不少世界冠军,因此由她领军的中国短道速滑"黄金一代"被寄予厚望。但在女子3000米接力决赛中,一直处于领先的杨扬被韩国选手全利卿超越,中国队最终只收获了一枚银牌。之后的个人500米与1000米的项目上,杨扬的成绩都被判犯规而无效。

赛后,她调整好了自己的心态,决定再奋斗4年。

克服失败的痛苦和漫长的危机感,杨扬涅槃重生,真正感到自己对项目的热爱。之后在维也纳世界锦标赛,重整旗鼓的杨扬一共拿到了3枚金牌:1000米、1500米以及个人全能。在那4年里,杨扬把可以拿到的世界冠军都拿了个遍,可以说是所向披靡。

终于,在2002年盐湖城冬奥会,她拿下了中国冬奥会历史上第一枚金牌。这个她努力了将近二十年、中国几代冰雪人奋斗了几十年的共同梦想,终于实现了。

那一刻,她是傲视群雄的冰雪女王。

又是4年后,2006年都灵冬奥会上,杨扬获得了一枚铜牌，当时的她已经31岁了。同年，杨扬在北京乔波滑雪馆举行了退役仪式。

当时只拿到铜牌后，身边的很多朋友都为杨扬惋惜，早知是这个结果，还不如不要这次复出，在最辉煌的时候急流勇退。

杨扬不在乎，或许结局不够完美，但那时她心里装着的，不再是金牌，而是体育。

退役后，杨扬先是到清华大学经济管理学院读书，毕业后又去了美国的一所高校继续进修英语。

结束了自己进修生涯的杨扬依然活跃在国际与国内的体育舞台上，2010年，她成为我国第一位以运动员身份当选的国际奥委会委员。

2016年，她当选国际滑联理事（速滑第一理事）。这是国际滑联成立一百多年来的第一位女性理事。她还创办了冠军基金，成立了飞扬冰上运动中心，当选世界反兴奋剂机构副主席。

2022年，杨扬将再一次出现在冬奥会，不过这一次不是以运动员的身份，而是以北京冬奥组委运动员委员会主席的身份，为运动员做好服务。杨扬希望通过自己的一些努力，为我们国家甚至是全世界的体育事业贡献出自己一份绵薄的力量。[6]

2. 李琰

说起中国短道速滑队，很多人第一时间会想到王濛、周洋、武大靖这些创造过历史、取得过辉煌成就的运动员。不过在这些光鲜亮丽的奖牌背后，一直有一位教练员在默默坚守着自己的岗位，培养出一代又一代优秀的运动员，她就是李琰——曾经的中国短道速滑队总教练，如今的中国滑冰协会主席。

说到李琰，首先不得不提到她作为运动员时的成就。1966年出生的李琰，在12岁时就进入了体校进行专业化的滑冰训练，虽然在1984年遭遇了左腿膝关节全部韧带断裂的严重伤病，但是李琰始终没有放弃滑冰。通过自己的刻苦训练，李琰成为中国短道速滑队的一员。

1988年卡尔加里冬奥会，那时候的短道速滑还只是冬奥会中的表演项目，而李琰是作为第一位参加短道速滑项目的中国运动员亮相的。比赛中，李琰获得了女子1000米的金牌和女子500米、女子1500米的铜牌。

4年后的1992年，李琰又在阿尔贝维尔冬奥会上获得了500米银牌。值得一提的是，那一届冬奥会上，短道速滑已经成为奥运会正式比赛项目，因此这是中国短道速滑在冬奥会历史上的第一枚奖牌。李琰也凭借着在这两届冬奥会上的辉煌成就成为中国队在短道速滑项目上的开拓者。

第二编 短道速滑

结束了1992年冬奥会的征程后不久，李琰选择了退役。退役后的她在中国短道速滑集训队中担任助理教练，并随队参加了1994年利勒哈默尔冬奥会。在这短短两年的教练生涯结束后，李琰选择了到东北财经大学国际金融专业学习深造。

1999年，李琰再次回到了短道速滑运动中，不过这一次她穿上的不再是印有五星红旗的中国队比赛服，而是斯洛伐克队比赛服。在那一年，李琰带领斯洛伐克短道速滑队在欧洲锦标赛上取得两项单项第四，一项全能第六的优异成绩。不久后，她又成为奥地利队的教练，在不到10个月的时间里，李琰成功地将奥地利队带出了低谷。因为这两段经历，李琰迅速在欧洲的短道速滑圈内成了一位有影响力的人物。

2003年，李琰接受高薪聘请，前往美国担任国家青年队教练职务，3个月后又晋升为美国国家队主教练，并于2006年带领美国名将阿波罗参加了都灵冬奥会。也正是在那一届比赛中，阿波罗打破韩国队对世界短道速滑项目奖牌的垄断，获得男子短道速滑500米金牌，粉碎了韩国"三冠王"安贤洙包揽4金的美梦（都灵冬奥会上获得3金1铜）。阿波罗曾经这样评价李琰："李琰一直那么出色，她是世界上最优秀的教练之一，成绩摆在那里。"

正在教练事业蒸蒸日上时，李琰收到了中国国家队的邀请。一边是高薪，一边是国家荣誉，李琰毅然决然地选择了后者。于是在 2006 年，李琰正式成为中国短道速滑国家队的总教练，属于中国短道速滑队的辉煌就此拉开帷幕。

2010 年温哥华冬奥会对于中国短道速滑队来说可以算是辉煌的一届奥运会。李琰先是带领着王濛先后夺得了女子 500 米和 1000 米的冠军，帮助王濛成为中国第一位在冬奥会上成功卫冕的选手。与此同时，周洋也在同届冬奥会中摘得了女子 1500 米决赛的冠军，打破了韩国队在这一项目上的垄断，周洋也成为在这一单项上第一位夺得金牌的非韩国选手。除上述 3 枚金牌以外，中国女队在 3000 米接力的决赛中以破世界纪录的成绩强势夺冠。在单届奥运会中，中国短道速滑队就收获了 4 枚金牌。

2014 年，续约后的李琰仍然以总教练的身份带领中国短道速滑队出战索契冬奥会。在这一届冬奥会中，中国队依然收获颇丰，取得了 2 金 3 银 1 铜的不俗战绩。

2017 年 6 月 2 日，李琰全票当选中国滑冰协会主席。

北京冬奥会，李琰仍旧会带领中国队重新出发，去追求属于我们东道主的最高荣誉。[7]

3. 李佳军

1975 年，李佳军出生于吉林省长春市。6 岁起，他开始接受花样滑冰专业训练，但由于体校离家太过遥远，一年后便转项短道速滑。20世纪90年代初期，中国短道速滑项目并没有国家队，选手们分布在各地方训练，临近国际大赛前才会挑选优秀运动员组建集训队。与绝大多数竞技体育项目情况类似，中国的短道速滑项目在国际赛场上同样是女强男弱的格局，诸如李琰、郭洪茹、张艳梅等女将早已跻身世界冠军的行列，而男子水平却仅仅足够为争取参赛资格而努力。在这样的大背景下，国家集训队的男运动员只能以陪练身份参与训练。

然而，陪练出身的李佳军却逐渐展现出自己在短道速滑项目上过人的天分。当年仅19岁的他出现在1994年利勒哈默尔冬奥会选拔赛的赛场上时，国内已经无人能够对他形成威胁，李佳军最终以积分第一的身份获得了自己的第一届冬奥会参赛资格。在冬奥会的500米和1000米两个项目中，李佳军都闯入了四分之一决赛，创造了中国男子选手的冬奥会历史最好成绩。中国短道速滑男队迎来了新的希望。

李佳军在1996年迎来了自己职业生涯第一个辉煌时刻。当年在荷兰海牙（Hague）举行的短道速滑世界锦标赛的1000米决赛上，李佳军在比赛还剩下两圈半的时候发力冲刺，接连超越，摘取了这个项目的金牌，这也是中国短道速滑男队的第一个世界冠军。

除了李佳军，中国短道速滑男队当时还涌现出了安玉龙、冯凯和袁野等新秀。等到1998年长野冬奥会,中国短道速滑男队的目标就是要争取一枚金牌。

1998年冬奥会之前,李佳军患上肾炎,白天训练,晚上还要回去住院治疗,专家会诊之后建议他做肾穿刺治疗。赛前一个月,队医找李佳军谈话,建议他放弃冬奥会,但李佳军态度坚决,一定要参加。

1998年长野冬奥会上,为短道速滑男队打头炮的李佳军如愿闯进男子1000米的决赛,他在比赛的大多数时间里处于领先地位,但在冲刺关头被韩国名将金东圣先出一刀而落败,计时器显示李佳军当时距离金牌只差0.053秒,不过李佳军的这枚银牌也是中国短道速滑男队的第一枚冬奥会奖牌。

接下来,19岁的小将安玉龙在男子500米项目中带来惊喜,孤身一人闯入决赛的他面对东道主两名日本选手西谷岳文和植松仁的夹击,拼下了一枚银牌。

那一届短道项目的最后一个决赛项目是男子5000米接力,李佳军领衔的中国男队实力相对不足,铜牌的成绩已经足够令人满意。

虽然没有拿到金牌,但是中国男队2银1铜的成绩不可谓不出色,尤其是李佳军之外,安玉龙等年轻运动员的成长更凸显出队伍实力的储备。人们对于短道速滑男队在4年后的盐湖城冬奥会充满了希望。

2002 年盐湖城冬奥会是李佳军职业生涯的巅峰期。长野冬奥会后,他的肾炎得到了有效的治愈,这也使他能够更加专注地投入到训练之中。盐湖城冬奥会之前的 3 届世锦赛,李佳军拿下了 9 枚世锦赛金牌,夺金效率高得惊人,这也更坚定了他在盐湖城冲击金牌的信心。

在自己的主项 1000 米,李佳军顺利杀入决赛。李佳军在最后一圈时还落后于美国名将阿波罗,处于第二的位置。他原本可以保下一枚银牌,但是为了实现金牌零的突破,李佳军采取了宁为玉碎、不为瓦全的战术——他在通过最后一个弯道时采取了冒险超越的方式,结果造成领先的几位选手全部摔倒,并"造就"了澳大利亚选手史蒂文·布拉德布里(Steven Bradbury)的"捡漏"式夺冠,这也是澳大利亚在冬奥会历史上的第一枚金牌。

值得一提的是,布拉德布里在复赛、半决赛、决赛中本来都是滑在最后,但都由于有人犯规而幸运晋级,直至夺取金牌,而夺金这一幕依然成为日后冬奥会长久被提起的经典时刻。

男子 1500 米决赛,李佳军始终没有机会完成对阿波罗和韩国选手金东圣的超越,第三个冲过终点。不过因为金东圣被判犯规,李佳军递补获得了一枚银牌。

最后的男子 5000 米接力,李佳军与队友冯凯、李野、郭伟合作,夺得接力铜牌。那一届冬奥会,中国短道速滑男队冲金未果，以 1 银 1 铜的成绩结束征程。

来到 2006 年都灵冬奥会，李佳军已经 31 岁，处于职业生涯的末期。他在长距离项目上已经难以抵挡韩国人安贤洙和李浩锡的冲击。1500 米项目夺得铜牌之后，这位老将和中国短道速滑男队都将冲金的希望寄托在最后一天的男子 500 米项目上。

但是随后的发展出人意料，李佳军尽管在半决赛第二个冲过终点，却因为与试图超越他的英国选手发生了并不明显的身体接触，被判犯规失去了决赛资格。

带着都灵冬奥会的 1500 米铜牌，李佳军结束了自己的运动生涯。尽管没有奥运金牌的成就，他却用一己之力让中国男子短道速滑屹立在世界一线强队之列近 10 年，功不可没。而他所创造的一系列成就，直到 2014 年索契冬奥会后才由武大靖、韩天宇等人先后超越。

离开赛场的李佳军先是赴加拿大学习，曾一度尝试于 2009 年全运会复出，但最终并没有如愿参赛。此后他成为哈萨克斯坦国家队主教练，带队参加了 2010 年的温哥华冬奥会。回国后，他先是担任中国短道速滑青年队教练，随后又在冬季运动管理中心科研组、速滑部任职，如今已经为人父的他是单板滑雪大跳台和坡面障碍技巧国家队领队。曾经的大哥从未远离他挚爱的冰雪人生！[8]

4. 王濛

1984年,王濛出生于黑龙江省七台河市一个普通的工人家庭。1993年王濛9岁的时候,她才开始接触短道速滑。

1994年年底,王濛被黑龙江省七台河市业余体校短道速滑教练相中,教练觉得她步伐灵敏、速度快,是个可塑之材。

1995年年初,王濛开始了速滑生涯。初涉冰场时,因为脚小,根本找不到适合她的冰刀。教练马庆忠只得满世界给王濛找冰刀。当她得到来之不易的新冰刀,便爱刀如命。

1997年年底,13岁的王濛立定跳远成绩已达到2.15米,500米速滑的成绩是57秒,两项运动成绩均为七台河市同年龄段运动员之首。

2000年,16岁的王濛在全运会的短道速滑1500米决赛中与大杨扬、小杨阳同组竞技,年纪尚小的王濛最终夺得了铜牌。

2002年,王濛第一次参加世界青年锦标赛就获得了女子500米冠军,是中国第一位世界青年锦标赛冠军。同时,她还获得了全能亚军、1500米第三名。

2003年,王濛第一次参加世界锦标赛,就进入了500米的决赛,可惜起跑时不慎失误摔倒。不过在3000米接力决赛中，王濛和老队员杨扬、王春露、付天余一起获得了冠军。

2004年，王濛在世界杯系列赛上崭露头角，包揽了荷兰站、意大利站、韩国站、杭州站的短道速滑500米冠军。在全国十运会上，她不仅拿下了500米短道速滑金牌，还获得了女子全能第一。

中国短道速滑队主教练辛庆山和随后接手的伊敏教练都认为，王濛是综合能力最强，并且有着巨大潜力的优秀运动员。

2006年，王濛参加都灵冬奥会，并以44秒345的成绩夺得短道速滑女子500米金牌。同时，她还夺得短道速滑女子1500米季军、1000米亚军。

2008年1月，在齐齐哈尔进行的全国冬季运动会短道速滑比赛中，王濛一连夺得7枚金牌，是单届全国冬季运动会中赢得最多金牌的运动员。王濛接连创下奇迹，成为短道速滑女子500米世界第一人，开创了"濛时代"，而为其插上翅膀的正是李琰。

2009年，王濛先后获得世锦赛女子500米、1000米、全能三项冠军，同时还帮助中国女队拿下3000米接力赛冠军，之后的团体锦标赛中王濛率队成功蝉联冠军。

2010年温哥华冬奥会上，王濛先后在500米赛事的预赛和半决赛刷新奥运纪录，并在决赛中成功卫冕。

之后,王濛在重感冒的情况下还获得了女子 1000 米以及 3000 米接力的冠军,成为中国短道速滑历史上第一个三冠王,也成为继李宁、邹凯之后,又一位在单届奥运会独得 3 枚金牌的中国运动员。[9]

5. 周洋

说起周洋,她是现在中国冰雪届首屈一指的"大姐大"。三朝元老,3 枚冬奥金牌,都是她能够成为举世关注的中国冬奥会代表团旗手的重要原因。而这位性格腼腆却又外柔内刚的姑娘,身上有着很多曲折的故事。

周洋小时候家境并不富裕,甚至可以说窘迫。父亲周继文和母亲王淑英没有稳定的工作,只能靠着给别人打零工来维持生活,一家三口住在周洋姥爷留下的 60 多平方米的房子里。也许正是这样的艰苦环境,才造就了周洋顽强刻苦的意志品质。在训练中,她可以吃别人吃不了的苦,受别人受不了的罪。而她在长距离项目中的霸主地位,也和她坚持到底、永不放弃的个性特点不谋而合。

2010 年温哥华冬奥会短道速滑女子 1500 米决赛是周洋的成名之战。当时只有 18 岁的她,在决赛中单枪匹马面对由朴升智领军的韩国队。这场决赛过程充满戏剧性。面对韩国队的集团战术和美国选手鲁特尔的干扰,周洋始终表现得不急不躁。在比赛进入最后四圈时,周洋发力超越两名韩国选手,并最终以破奥运纪录的成绩夺冠,同时粉碎了韩国队在该项目上三连冠的美梦。18岁的周洋也成为中国最年轻的冬奥会冠军。在拿下女子1500米金牌后，周洋又和队友王濛、孙琳琳和张会以打破世界纪录的成绩拿下女子3000米接力赛的冠军，这也是中国队首次收获该项目的奥运金牌。

2014年2月15日，在索契冬奥会短道速滑女子1500米决赛中，倒数第二圈时，周洋瞬间发力，两步超越了韩国选手，夺得领先并最终以2分19秒140的成绩率先撞线完赛，获得冠军，并成为冬奥会历史上第一个卫冕该项目的运动员。

2018年的平昌，第三次参加冬奥会的周洋没能在主项短道速滑1500米项目中实现卫冕，女子3000米接力比赛也被判了犯规。离开赛场时，她遗憾地留下了一句："到现在也不知哪里犯规了，这可能是我最后一次冬奥会了，有点接受不了这样的结果。"

平昌的失意一度让周洋陷入身体和心理的双重疲劳之中，之后的赛季，身在短道速滑国家集训队三组的她，饱受伤病困扰，缺席了绝大多数的训练时间，更没有获得参加比赛的机会。

直到2019年2月，她加入"老队友"王濛麾下，转战速度滑冰项目。她说："转速滑的目的就是希望站在2022年北京冬奥会的赛场上，因为在自己家门口参加奥运会很难得，我也不小了，运动员的生涯也是有限的，想再争取一次。"

此前王濛曾介绍，"为了能够重回赛场，周洋克服了伤病，队里也结合她的身体情况制定了更合适的训练方案""周洋有一些伤病，之前一直在休整。我们对她的身体状况进行了评估，建立了伤病档案，并与国际医疗团队取得了联系。"王濛说。

久疏战场还换了个项目，伤愈复出的周洋却用"幸福"概括自己重新起步的艰难过程："确实会不适应，但觉得自己有机会重新开始，还是幸福的，所以每一天都会全力以赴地做。"

谈到短道转大道的优势，周洋笑着说自己"能拼"，不过再能拼也是要循序渐进的。"自己心中有一个目标，每一天都是全力以赴。2022年冬奥会是最高目标，现在自己还是有阶段性目标。每一次完成阶段性目标，之后再上到2022。"周洋说，练大道最大的乐趣就是每一次都在挑战自己，每一次都比自己上一次成绩好一点。

周洋还在完善自己的各项技术，她要提高的还有很多。她说："这次直通赛算是我第3次参加1500米比赛，每个环节都在摸索，包括每一圈的体能分配，前300米，还有冲刺，等等，每个阶段都有不同的滑法，都有待完善。"[10]

6. 武大靖

出生于 1994 年的武大靖从小生活在黑龙江省佳木斯市的一个普通家庭中。小时候，武大靖因为看到杨扬在 2002 年盐湖城冬奥会中夺得金牌，萌生了练习短道速滑的想法。但这一想法并未得到父亲的认可，父亲认为练习这个项目过于艰苦，所以并不是很支持。不过武大靖还是凭借着自己的毅力和实力，通过不断练习，最终进入佳木斯业余短道速滑队。

每天早上 4 点就起床，带着冰刀，坐上母亲的自行车去室外冰场练习滑冰，这一切都源于武大靖心中对于速度滑冰的那份热爱。武大靖后来在回忆这段经历时说，当时东北的室外冰场温度特别低，－10 ℃ 都不止，上冰超过 10 分钟脚就会被冻麻。这样的日子一过就是两年多，要知道当时的武大靖还不到 10 岁。

后来，幸运的武大靖遇到了江苏省短道速滑队去佳木斯考察运动员，12 岁的武大靖就此踏上了成为职业滑冰运动员的路。虽然当时可以告别寒冷的室外冰场，但是对于武大靖来说新的挑战又来了——一年不能回家，所有训练和生活中的事情都只能自己来面对。

也正是在那段时间里，武大靖遭遇了第一次伤病，不过他并没有主动告诉父母，还是当时的教练把这一消息告诉了他的父母，于是武大靖的父母急忙赶到江苏看望儿子。在那一刻，父亲再一次向武大靖抛出了人生的选择题，这一次武大靖的回答还是一如既往地坚定：不会放弃滑冰。

2009年，江苏省短道速滑队解散了，武大靖成了吉林市冬季运动管理中心的运动员。一年后，武大靖又因为自己出色的表现被国家短道速滑队教练李琰破格招入国家队。虽然当时进入国家队的身份只是女队的陪练，但是这反倒给予了武大靖很强的刺激，每天在打击中进步。最终在2012年，武大靖正式代表中国队出战国际赛事。随后武大靖迅速在国际赛场上崭露头角并拥有了一席之地，人们还称武大靖是"冲刺之王"。

2018年平昌冬奥会上，在整个短道速滑比赛中，中国代表团被判罚了八次犯规，几乎中国队的每一位具备冲金实力的队员都遭遇了争议判罚。武大靖也不例外，在男子1500米和1000米的比赛中，武大靖先后两次被判定犯规，无缘争夺金牌。当时武大靖在接受采访时表示："太不可思议了，没想到在韩国会这样。"因此男子500米决赛对于武大靖和中国短道速滑队来说变得格外重要。

或许是赛前的种种遭遇和肩负的使命对武大靖有所影响，男子500米决赛进行得并不是很顺利，武大靖在第一枪的时候抢跑了，当时场地内的紧张气氛到达了极点。经过调整以后，四名参赛选手第二次起跑。这一次武大靖没有再犯任何一点的错误，从第一个弯道开始，武大靖就牢牢占据着第一的位置，39.584 秒以后，武大靖率先冲过终点线，以破世界纪录的成绩强势夺金。

这一次没有任何争议，武大靖的冠军不需要再看裁判脸色，不需要再等待裁判委员会的商议，这一次，冠军终归中国。武大靖冲过终点线后第一时间拥抱了中国短道速滑队总教练李琰，师徒二人紧紧相拥。武大靖后来回忆时表示，当时李琰指导只跟他说了 3 个字"好样的"。从两人拥抱的情景和李琰指导的这一声认可，我们能够感受到当时背负在武大靖和中国短道速滑队身上的担子有多沉。在经历了一次又一次的争议后，武大靖用绝对速度证明了中国短道速滑队的实力，诠释了真正的中国力量。[11]

十二、北京冬奥会短道速滑观赛指南

首都体育馆于 1968 年建成，是国内第一座人工室内冰场，在此曾举办 2008 年北京奥运会排球比赛。2022 年北京冬奥会期间，首都体育馆将承担短道速滑和花样滑冰比赛任务，产生 14 枚金牌（9 枚短道速滑金牌，5 枚花样滑冰金牌）。

北京冬奥会短道速滑比赛的赛程见表 2-1。

表2-1 北京冬奥会短道速滑比赛的赛程[12]

日期	比赛开始时间	项目	比赛场地	地址
2022-02-05	19:00	女子500米资格赛、男子1000米资格赛、混合团体接力四分之一赛/半决赛/决赛	首都体育馆	北京市海淀区中关村南大街56号（近地铁四号线）
2022-02-07	19:30	女子500米四分之一赛/半决赛/决赛、男子1000米四分之一赛/半决赛/决赛		
2022-02-09	19:00	女子1000米资格赛、女子3000米接力半决赛、男子1500米四分之一赛/半决赛/决赛		
2022-02-11	19:00	男子500米资格赛、男子5000米接力半决赛、女子1000米四分之一赛/半决赛/决赛		
2022-02-13	19:00	女子3000米接力决赛、男子500米四分之一赛/半决赛/决赛		
2022-02-16	19:30	男子5000米接力决赛、女子1500米四分之一赛/半决赛/决赛		

参考文献

[1] 杨树人. 银色跑道 中国冰上纪实 [M]. 哈尔滨：黑龙江人民出版社，2016：205-207.

[2] 2018 平昌冬奥会项目介绍：短道速滑 [EB/OL]. (2017-02-04) [2021-10-17]. http://2018.cctv.com/2017/02/04/ARTITdKQ87OcJ2cQNogPv9cq170204.shtml.

[3] 名将破世界纪录！短道速滑女子 500 米进入 41 秒时代 [EB/OL]. (2019-11-04) [2021-10-17]. http://sports.sina.com.cn/others/shorttrack/2019-11-04/doc-iicezuev6999947.shtml.

[4] 短道速滑装备之防护用具：防切割连身服必不可少 [EB/OL]. (2018-02-18) [2021-10-17]. http://sports.sina.com.cn/others/shorttrack/2015-11-26/doc-ifxmcnkr7549408.shtml.

[5] 李琼. 他叫安贤洙，还是维克多·安？冰上"叛国者"正式宣布退役 [N]. 澎湃新闻，2020-04-28.

[6] 23 年运动员生涯，手握 59 个世界冠军，冰雪女王杨扬的肆意人生 [EB/OL]. 稳定教育家. (2021-08-11) [2021-10-17]. https://k.sina.com.cn/article_6940272221_19dac265d001017m92.html.

[7] 她是中国短道速滑开拓者，堪比郎平的冠军教头，曾征服美国滑冰界［EB/OL］.（2021-09-18）[2021-10-17］. https：//new.qq.com/omn/20210918/20210918A0FKUW00.html.

[8] 短道男队曲折首金史：李佳军最悲情　武大靖终圆梦［EB/OL］.（2018-02-22）[2021-10-17］. https：//sports.qq.com/a/20180222/018696.htm.

[9] 王濛的故事：中国短道速滑之王，三进三出国家队，暴脾气害了她［EB/OL］.体育全网通.（2021-06-27）[2021-10-17］. https：//www.163.com/dy/article/GDGU13IS0529EJSU.html.

[10] 徐思佳.周洋跨项速滑再出发：曾因大道紧身衣害羞不适应冰刀还忘记换道［EB/OL］.（2019-10-12）[2021-10-17］. https：//new.qq.com/omn/20191012/20191012A0CPA400.html.

[11] 冬奥名人故事之武大靖：破釜沉舟平昌夺金，绝对实力诠释中国速度［EB/OL］.（2021-09-08）[2021-10-17］. https：//new.qq.com/omn/20210907/20210907A06R9P00.html.

[12] 北京冬奥组委.北京2022年冬奥会竞赛日程　第十一版［Z］.2021.

第三编
花样滑冰
FIGURE SKATING

全场聚焦，音乐响起，上演以技术动作为基础编排的节目，惊心动魄的跳跃，眼花缭乱的旋转，把惊险和美丽发挥到极致，花样滑冰是冬奥会上最受观众喜爱的项目之一！

一、项目历史

12世纪的北欧文学中，记载了人们采用骨制冰刀在冰上滑行的情景。荷兰、芬兰、挪威、瑞典等国曾将滑冰作为传递消息的手段。

1250年左右，荷兰人将这一项运动介绍给了邻近的国家。

17世纪，人们在冰面上只能滑出简单的轨迹，此时没有任何图形出现。

1742年，在英国的苏格兰诞生了最早的一家滑冰俱乐部——爱丁堡滑冰俱乐部。

1772年，英国皇家炮兵中尉罗伯特·约翰逊（Robert Johnson）撰写的《论滑冰》在伦敦出版，这是世界上出版的第一部涉及花样滑冰的书籍。

18世纪，花样滑冰不仅在欧洲，而且在美洲也取得了较大的发展。

1849年，美国成立了菲拉狄菲亚俱乐部。

1850—1860 年，滑冰运动在美国和加拿大十分流行。

1858 年，加拿大魁北克市建起了世界上第一个带顶篷的室内冰场。

1860 年，纽约俱乐部成立，并涌现了一批优秀运动员。同年，美国花样滑冰爱好者杰克逊·海因斯（Jackson Haines）首次将花样滑冰技巧动作与优美的华尔兹舞曲相配合进行表演，取得了良好的艺术效果。

1868 年，海因斯到欧洲进行了首次表演，他的配乐舞蹈艺术的表现力给维也纳、布达佩斯、柏林、圣彼得堡等地的观众留下了极为深刻的印象，受到了热烈欢迎。他突破了滑"8"字的传统形式，开辟了近代花样滑冰新技术，在花样滑冰史上做出了巨大贡献。同年，美国的丹尼尔·梅伊（Daniel Mey）和乔治·梅伊（George Mey）首次表演双人滑，这是世界上有记载的最早的花样滑冰表演。

1887 年，在俄国的圣彼得堡举行了首次花样滑冰的国际比赛。

1892 年 7 月 23—25 日，在荷兰召开了各国滑冰协会和俱乐部的代表会议，制定了比较完善的花样滑冰规则，确定了规定图形的内容，同时成立了国际滑联，开始了花样滑冰的新篇章。

1896 年 2 月 9 日，在俄国的圣彼得堡举行了首届世界花样滑冰锦标赛，当时只设男子单人滑比赛项目。参加比赛的有 4 名运动员（德国 1 人、奥地利 1 人、俄国 2 人），德国的吉尔伯特·福克斯（Gilbert Fuchs）获得冠军。

1906 年 1 月 28—29 日，在瑞士的达沃斯举行了首届世界女子单人滑锦标赛，共有 4 个国家的 5 名运动员参加，英国人梅杰·希尔斯（Madge Syers）获冠军。

1908 年 2 月 16 日，在俄国的圣彼得堡举行了首届世界双人滑锦标赛，共有 3 个国家的 3 对运动员参加，德国的安妮·休伯列尔（Annie Hübler）和海因里希·伯吉尔（Heinrich Burger）获首届冠军。

1908 年伦敦夏季奥运会，花样滑冰成为正式比赛项目，设有男子单人滑、女子单人滑、双人滑和男子特别图形四个小项。这是花样滑冰与奥运会最早的结缘。

1920 年安特卫普奥运会，花样滑冰再度成为夏季奥运会比赛项目。

从 1924 年首届冬奥会起，花样滑冰即是冬奥会项目之一，再也没有在夏季奥运会上举办过。

1952 年 2 月 27 日—3 月 1 日，在法国巴黎举行的世界锦标赛首次设立冰上舞蹈项目（简称"冰舞"），共有 4 个国家的 9 对运动员参加，英国运动员吉思·维斯特伍德（Jean Westwood）和劳伦斯·戴米（Lawrence Demmy）获冠军。

1976 年，因斯布鲁克冬奥会首次增设冰上舞蹈项目。

2014 年，索契冬奥会增设花样滑冰团体项目。

二、花样滑冰与中国

1930 年前后，西方花样滑冰传到中国，在北平（今北京）、天津、哈尔滨、长春、沈阳等城市的学校，有些学生参加了花样滑冰运动。

1935 年，在中国北平（今北京）举行的冰上运动会上，进行了花样滑冰表演赛。

1942 年冬，在中国延安的延河上举行了冰上运动会，进行了花样滑冰的图形和自由滑表演。

1953 年 2 月，在中国哈尔滨举行了首届全国冰上运动会，并进行了花样滑冰男子单人滑、女子单人滑的比赛。

1980 年，中国首次派代表团参加了美国普莱西德湖冬奥会。中国运动员许兆晓和包振华分别参加了男子单人滑、女子单人滑比赛。

1980 年 3 月，中国派队参加了在德国多特蒙德（Dortmund）举行的世界花样滑冰锦标赛。

1990 年 11 月 20 日，中国运动员陈露在世界青少年花样滑冰锦标赛女子单人滑项目中获得第三名，这是中国国旗首次在世界花样滑冰赛场上升起。

1995年世界花样滑冰锦标赛上，陈露勇夺女子单人滑冠军，实现了中国花样滑冰多年的梦想。2010年温哥华冬奥会上，赵宏博和申雪勇夺双人滑金牌，成为中国第一对花样滑冰奥运冠军。[1]

三、花样滑冰有哪些小项？

2022年北京冬奥会上，花样滑冰设有5个小项，单人赛包括男子单人滑和女子单人滑，混合赛包括双人滑、冰上舞蹈和团体赛。

四、花样滑冰的规则

花样滑冰比赛不允许使用布景和灯光效果，服装成为艺术表演的唯一辅助因素。男子着长裤，女子可以穿裙子或连体服。节目需要与背景音乐相配合，反映编排的主题与意境。

男子单人滑、女子单人滑和双人滑各包括短节目（Short Program）、自由滑（Free Skating）两项内容，每项内容各进行1天，短节目在先。

短节目由规定的3种不同跳跃、3种不同旋转、2种不同步法共8个动作和连接步组成。运动员自选音乐，根据要求编排一套不超过 2 分 40 秒的节目。评分包括技术分（Total Element Score）和节目内容分（Program Component Score）。裁判员依据动作质量、难度和完成情况先评出技术分，然后根据内容编排的均衡性和音乐的一致性、速度、姿势以及音乐特点表达等再出示节目内容分。

自由滑由跳跃、旋转、步法和各种姿势组成。运动员自选音乐，根据规则编排一套均衡内容的节目。自由滑比赛的时间：男子单人和双人 4 分 30 秒，女子单人 4 分钟。自由滑评分包括技术分和节目内容分。

冰上舞蹈比赛由韵律舞（Rhythm Dance）、自由舞（Free Dance）两项内容组成，分别在两天进行。第一天为韵律舞，第二天为自由舞。韵律舞是根据规定的音乐、图案、步法和重复次数进行比赛。自由舞是由运动员自选音乐，由各种步法、托举、小跳、姿势、握法的变换等组成一套 4 分钟的节目。

冰上舞蹈的评分包括技术分和节目内容分，各组成部分的分数总和即为运动员最后的总分，最后得分最高的运动员获得第一名。

花样滑冰比赛中，跳跃最吸引眼球，冰场美轮美奂，选手激情燃烧。观众可以在选手的节目完结后向冰面抛赠用透明塑料包好的礼物和鲜花，表达对偶像的崇拜。

五、花样滑冰越转越快还不晕的奥秘

在看花样滑冰时,大家一定经常看到运动员旋转,并且越转越快的场景。他们是怎么做到的呢?

大家可以尝试或者想象下面的场景:双臂伸直,手平举一对哑铃(或其他重物),坐在一张转椅上慢慢转动。几圈之后,快速将双臂收拢靠近身体,你会发现自己的转动速度明显加快了。

没有人推你,仅仅是自己把手臂收回来,为什么转速就会改变呢?

其实这是一个力学知识。在转椅上的你与转椅组成一个整体,所受到的外界作用力只有重力和地面的支撑力,但这些力都与转轴(你垂直的上身)平行,对转速是没有影响的。根据力学原理"动量矩守恒定律"(物理学中称为"角动量守恒定律"),转动速度与力矩的乘积是不变的。在你收拢手臂后,哑铃与转轴的距离(力矩)变小了,因为角动量是守恒的,转动速度必然加大,也就是越转越快啦。

有了上述结论后,就很容易理解花样滑冰运动员最快速的旋转是双手举高,让自己变得像一根"筷子"一样细长了:运动员先张开双臂,缓慢转动起来。冰面的摩擦力可以小到忽略不计,所以运动员受到的外力就像转椅上的你,都对转速没有影响。那么根据"动量矩守恒定律",花样滑冰运动员把四肢收拢相当于减小了转轴的距离,因为速度与力矩的乘积不变,转速自然就会加快!

那他们转这么快,不会晕吗?答案是会的。但是,花滑运动员美轮美奂的表演会让我们忘记:其实他们的身体和我们的身体遵循着一样的生理规律。

简单来说,脊椎动物的内耳都有一个掌管平衡感的器官——半规管(semicircular canal)。半规管里充满了液体,漂浮着一个传感器。你的头部只要一动,管内的液体就会轻微地晃动,传感器就会感知发生的一切:这正是大多数头晕的起源。

还是那只转椅。如果你尝试在转椅上持续旋转,耳朵中的液体受力一同旋转,且由于惯性,在椅子停下来之后也会长时间保持晃动,并通过那些海藻般的传感器向你的大脑发送信号说,"我的身体仍在运动之中"。大脑试图校正这种运动,于是让眼睛颤动,促使身体向一边倾斜,人就开始东倒西歪了。

花样滑冰运动员并非对这些影响免疫,他们的内耳和我们的并无区别。没有人能训练那些半规管液体的流动,让它们不守惯性定律。但他们对自己的感官表现出了惊人的控制力。

他们战胜旋转时头晕的奥秘就是练习，反复练习，让内耳和大脑习惯这种快速转动。为了准备奥运级别的花样滑冰高速旋转，运动员需要适应一整套感官输入体系。我们可以确定，花样滑冰运动员为比赛所做的精神训练至少不会比他们在身体素质上所做的准备少。[2]

六、花样滑冰有哪些技术动作？

花样滑冰的个人基本技术包括各种平衡跨跳、旋转、跳跃，以及各种滑行步法和各种连贯动作。双人滑的一些特殊动作包括螺旋线、阿尔塞托举、分腿托举和燕式旋转等。有6种不同的跳跃，包括后外点冰跳（Toeloop）、后内结环跳（Salchow jumps，也称"萨尔霍夫跳"）、后外结环跳（Loop jumps）、后内点冰跳（Flip jumps）、勾手跳（Lutz jumps，也称"卢茨跳"）和一周半跳（Axel jumps，也称"阿克塞尔跳"）。世界上优秀的单人滑选手已掌握了除阿克塞尔四周跳（实质上是四周半跳）外其他的几种四周跳跃。如今，在电视转播画面上，信号制作方会在选手表演节目时实时标明选手所完成的技术动作及其得分，这对于刚开始接触这项运动的电视观众而言无疑是福音。

七、花样滑冰与其他两个滑冰项目的冰鞋一样吗？

花样滑冰的冰刀与普通冰刀最显著的不同在于前端有"刀齿"。刀齿主要用于跳跃中，不应用在滑行和旋转中。冰刀以螺丝固定在冰鞋的鞋底。高水平的花样滑冰选手通常都会定制冰鞋和冰刀。冰上舞蹈的冰刀后部比其他项目的要短1英寸①，这是为了满足舞蹈对双人近距合作和精细步法的要求。选手穿着冰鞋在冰场外行走时，要在冰刀外套上硬塑料的保护套，这是为了避免冰刀被地面磨钝或沾上灰尘杂质。选手不穿冰鞋时，则用软套保护冰刀，它可以吸收残留的冰融水，防止冰刀生锈。

八、花样滑冰的冰刀是改进后的吗？

花样滑冰技术的发展和进步，与冰刀和服装的改进密切相关。

世界上最早发现的冰刀是用兽骨制成的；到了16世纪改用木制冰刀，便于造型；以后又改用木和铁合制；最后发展为全金属或塑料与金属合制的冰刀。

---

① 1英寸=2.54厘米。——编者注

冰刀的式样也在不断改进,由刃比较平直、无刀齿,逐步演变为今天的刀刃有一定弧度,刀前部有刀齿,且不同项目式样、弧度和刀齿也不同的现代冰刀。第二次世界大战后,女选手开始穿白色或肉色冰鞋。

九、花样滑冰的服装怎么那么美?

花样滑冰服装也有一个逐步改进的历史。

20 世纪初,花样滑冰还是一个冬季室外冰上项目,因此服装仅仅是为抵御寒冷的天气,比较笨重。到了 1924 年,在法国夏蒙尼举办的第一届冬奥会花样滑冰女子单人滑比赛中,索尼娅·海妮(Sonja Henie)对女子服装进行了大胆的改革,她将裙摆提高到了膝部。这一惊人的创举,有利于女子单人滑技术的进步。与此同时,男士服装也有了改进,变为齐腰的短西服上衣和芭蕾紧身裤,滑起来更加自由。

20 世纪 40 年代以后,女选手的裙子逐渐变短,并出现了上衣与裙子一体化的短连衣裙。出于视觉效果的需要,服装还添加了如蕾丝、亮片、花珠等装饰物。

如今服装已成为选手节目的重要组成部分,色彩选择、搭配和设计与音乐特点和舞蹈风格息息相关,从而大大提高了选手的艺术表演效果。[4]

发展到今天，花样滑冰的服装愈发美轮美奂。

十、国际知名花样滑冰运动员

1. 索尼娅·海妮

1912 年，索尼娅·海妮出生于冰雪之国挪威的奥斯陆。在父亲的影响下，她从童年起就酷爱体育运动。她 4 岁开始学滑冰，6 岁开始跟教练练习花样滑冰，11 岁就成为挪威全国女子单人滑冠军。1924 年，她就参加了首届冬奥会。

1927 年年初，14 岁的海妮登上了世界冠军的宝座。1927—1936 年，她连续 10 次夺得世界花样滑冰锦标赛女单冠军。在 1928 年、1932 年、1936 年的冬奥会上，她获得 3 枚女子单人花样滑冰金牌。

海妮不仅对花样滑冰运动员的服装进行了大胆的改革，而且创造了新颖、高难度的动作，还把芭蕾舞运用于花样滑冰，将"表演舞蹈"融入表演套路，增强了冰上项目的艺术感染力。因此，海妮有着"冰上仙女"的美誉。

1932 年普莱西德湖冬奥会上，在成千上万的"海妮迷"的要求下，海妮的比赛从晚上改为阳光灿烂的白天，以便让观众拍摄她优美的姿容，可以在优美流畅的旋律中陶醉于她无与伦比的娴熟技艺。在滑冰史上，这是海妮独有的"特权"。

1936年加尔米施-帕滕基兴冬奥会后，海妮退役。但她的成功并未止步于此。她加入了美国好莱坞影片公司，先后拍摄了数十部表现花样滑冰艺术的故事片，成为20世纪40年代好莱坞的三大台柱之一。她还创立了"海妮假日"冰上芭蕾舞团。

1999年，海妮被评为20世纪冬奥会十名女子最佳运动员之首。[5]

2. 羽生结弦（Yuzuru Hanyu）

羽生结弦出生于日本宫城县仙台市，父亲为他取名"结弦"，一来对应儿子的星座（射手座），二来希望他的人生能像弓弦一样张弛有度，在绷紧的时候可以有一个面对生活的凛然态度。

羽生结弦4岁起与姐姐一起学习滑冰。刚开始的时候，他对滑冰并没有耐心，但是他看到姐姐拼命练习花样滑冰的样子后，兴趣渐渐浓厚，从此就把姐姐作为目标坚持努力，并把普鲁申科当作自己的偶像。

2014年2月，年仅19岁的羽生结弦夺得索契冬奥会金牌，成为亚洲首位冬奥会男子单人滑冠军；3月，他夺得世界花样滑冰锦标赛冠军，实现了奥运会、世锦赛、大奖赛总决赛的大满贯。2016年，他在世界花样滑冰大奖赛总决赛上夺冠,实现大奖赛总决赛四连冠。2017 年 4 月,他再次夺得世界花样滑冰锦标赛冠军。2018 年 2 月,他夺得平昌冬奥会花样滑冰男子单人滑冠军,成为 66 年来第一位蝉联冬奥会男单冠军的花样滑冰选手。

此外,羽生结弦是短节目 112.72 分、自由滑 223.20 分、总成绩 330.43 分的世界纪录保持者。

他已经 19 次打破世界纪录,是国际滑联认可的在国际比赛中完成后外结环四周跳的第一人。[6]

另外,他还是花样滑冰历史上包揽奥运会、世锦赛、大奖赛总决赛、四大洲锦标赛,以及世青赛、青年组大奖赛总决赛等国际大赛男单项目金牌的超级全满贯第一人。

2018 年 4 月 28 日,获得日本政府"春之勋章"紫带勋章。

2018 年 6 月 1 日,日本政府决定授予卫冕冬奥会的花样滑冰运动员羽生结弦国民荣誉奖。颁奖仪式于 7 月 2 日在首相官邸举行。

2018 年 12 月,羽生结弦被新华社体育部评为 2018 年国际十佳运动员。

2019 年 1 月 17 日,2019 年劳伦斯世界体育奖各奖项的候选者名单公布,羽生结弦入围最佳复出奖。

2020 年 7 月 11 日,羽生结弦荣获国际滑联 2019—2020 赛季最有价值运动员。

有着如此辉煌的成绩，难怪日本网友因新冠肺炎疫情防控无法到场观赛而拜托中国观众帮忙为羽生结弦加油后，广大网友纷纷表示"包在我们身上"，就连中国外交部发言人华春莹都亲自回应："致各位羽生结弦的粉丝们，我看到（日本民众）发声：'现场加油，就拜托中国观众了。'没问题，交给我们吧！""此外，感谢对中国新冠肺炎防疫措施的理解。（中国）将在（北京）冬奥会、冬季残奥会上为包括日本在内各国参赛运动员加油助威。继（日本举办）东京奥运会之后，（中方）也会为了北京冬奥会成功举办而努力。"[7]

3. 叶甫根尼·维克托罗维奇·普鲁申科（Evgeni Viktorovich Plushenko）

叶甫根尼·维克托罗维奇·普鲁申科有着"冰王子"的美誉，他出生在俄罗斯哈巴罗夫斯克北部的索尔涅奇内市。由于他体质虚弱不能适应家乡寒冷的气候，经常性的感冒发烧导致了慢性肺炎，他的父母决定移居气候温和的伏尔加格勒。他的母亲接受朋友的建议，让普罗申科开始学习花样滑冰与芭蕾。

1986—1993年，普鲁申科接受米哈伊尔·马克维耶夫的军事化训练，不仅恢复了健康，更构建了良好的体能与身体状态。7岁时，他获得了人生中的第一个冠军——"水晶之旅"滑冰比赛的第一名。

1993年，11岁的普鲁申科独自一人来到圣彼得堡，投到教练亚列克谢·米申（Alexei Mishin）的门下训练。到圣彼得堡的第一年并不成功，但他没有放弃。普鲁申科每天都会练习上百次三周跳，有时甚至包括四周跳。他12岁就可以完成所有的三周跳；在14岁时，他便学会了第一个四周跳。后来他第一个完成了女运动员才能完成的贝尔曼旋转，并使之成为自己的招牌动作。

1995年，普鲁申科首次参加世界青年花样滑冰锦标赛并获得第六名。1996年，14岁的他夺得世青赛冠军。

1998年，普鲁申科正式出战成人组，相继赢得欧洲花样滑冰锦标赛的银牌与世界花样滑冰锦标赛的铜牌。

1998年奥运会后到2002年奥运会的4年奥运周期，普鲁申科一共出场主要比赛35次，在23场中获得金牌。

2002年，普鲁申科在盐湖城冬奥会输给了亚列克谢·亚古丁（Alexei Yagudin），获得银牌，但他极超前的"后外点冰四周跳"接"后外点冰三周跳"接"后外结环三周跳"、贝尔曼旋转、"三周半跳"接"后外结环一周跳"接"后内点冰三周跳"都是超有难度的动作。

2002年奥运会后到2006年奥运会的4年奥运周期，普鲁申科参加国际、国内大型比赛27次，24次获得金牌。

2006年1月，在法国里昂举行的欧洲花样滑冰锦标赛上，普鲁申科以总分245.33分获得冠军。2月，在都灵冬奥会花样滑冰男子单人滑比赛中，普鲁申科在意大利艺术家罗塔为电影《教父》所作配乐的伴奏下获得全场最高的167.67分，并以总分258.33分获得金牌。在冬奥会结束后，普鲁申科宣布退役。

2009年，普鲁申科正式宣布复出。同年10月，在花样滑冰大奖赛的俄罗斯站上，他以近乎完美的发挥摘下复出后的首个冠军头衔。12月，在俄罗斯圣彼得堡进行的俄罗斯花样滑冰锦标赛男子单人滑比赛中，普鲁申科以271.59分的成绩刷新了男子单人滑历史最高分。[8]2010年温哥华冬奥会上，他有争议地输给美国选手，获得男子单人滑银牌。

后来，他因伤病及其他原因多次退役又复出。

2014年2月10日，普鲁申科领衔的俄罗斯队以75分获得索契冬奥会花样滑冰团体赛冠军。

2017年3月31日，普鲁申科宣布退役。

2020年6月，普鲁申科任俄罗斯花样滑冰国家队教练，负责单人滑项目。

十一、中国知名花样滑冰运动员

1. 陈露

1976年,陈露出生于北国之城长春,这样的出生地貌似与她以后从事的事业也有着密切的联系。对于我们来说,北方的冬天非常寒冷,尤其是在东北地区,到了12月,所有的河面和湖面都会结上一层厚厚的冰,带给当地人民无数的欢乐。

由于陈露从小就生长在这里,她从小就与滑冰接触。对于陈露来说,家乡的冬天是最美的,可以在冬天做自己最喜欢的事情。每当陈露空闲的时候,她都会去滑冰场进行练习。慢慢地,陈露就锻炼出了高超的滑冰技术。

虽然自己的技术取得了一定的进步,但是陈露从来没有为此骄傲过。陈露总是抓紧一切时间进行训练,从来没有懈怠过。后来,陈露凭借着自己的成绩和技术,成了中国花滑队成立后的第一名正式队员。在进入国家队之后,陈露继续坚持着之前的习惯和训练方法。很快,年仅14岁的陈露在1990年的全国比赛中轻松地获得了冠军。

在1994年利勒哈默尔冬奥会中,陈露获得了中国第一枚(亚洲第二枚)花样滑冰冬奥会奖牌。

在1995年英国伯明翰的世界花样滑冰锦标赛中,陈露顺利地拿下了自己人生中的第一个世界冠军。

在1998年的冬奥会之后,陈露没有选择继续征战,而是选择了退役,从而也就结束了自己的体育生涯,开始了自己新的生活。陈露在退役之后选择巡游各地观看其他国家的花滑表演,最后在别人的建议下,陈露创办了一所专门培养花滑人才的学校,继续从事着喜欢的职业和爱好。

2018年,陈露正式担任国家花滑队女子单人滑主教练。从年仅14岁就进入国家队训练,到后来的离开,再到出任教练,陈露把自己一生的青春和热血都奉献给了国家队,如今依然在赛场上贡献自己的技术和知识。[9]

2. 赵宏博和申雪

40年前,贫困家庭出身的赵宏博为能进入哈尔滨少年体校而感到兴奋和骄傲。

"我们当时的训练条件很艰苦,没有室内冰场,总到满洲里海拉尔的湖上和江上滑野冰。"赵宏博回忆说:"冬天室外非常冷,我们滑冰时都穿着很厚的毛衣毛裤,戴着帽子、围脖、脖套、手套。出汗后一结冰,脖套硬得能立起来,眉毛和睫毛上也会结冰。"

1991年哈尔滨全国冬季运动会夺冠后,赵宏博和当时的女伴解毛毛受邀去俄罗斯训练、比赛半年。赵宏博说:"在俄罗斯,当我看到世界顶级运动员滑冰时,那种艺术冲击力给我巨大震撼,他们的动作太美了,之前我从来没见过。从那时起,我真正喜欢上花样滑冰。"

小时候的申雪体质不佳,打针、吃药习以为常。申雪6岁时,父母商量决定把她送去学习滑冰,想着或许她的身体通过锻炼会变得好起来。开始训练时,申雪并不被教练看好,瘦瘦小小的样子总让教练不忍让她完成太重的训练量。不甘落后的申雪并不想这样继续下去,她力图改变那种悬在训练队尾巴边缘上的成绩。别人滑一圈,她就滑两圈;别人休息了,她仍然在训练。这样一来,她终于从尾巴边缘走到教练姚滨的眼中。经历了苦与痛,丑小鸭终于有了让自己蜕变成一只天鹅的决心。

1992年,19岁的赵宏博开始与14岁的申雪组合,这一牵手就是18年。因为赵宏博双人滑的起点比较高,两人在合作4个月后就站上了全国锦标赛的冠军领奖台。1998年长野冬奥会,他们第一次踏上奥运征程。1999年世锦赛,申雪/赵宏博夺得双人滑银牌,2000年和2001年分别获得银牌和铜牌。2002年盐湖城冬奥会上,申雪/赵宏博在双人滑节目中创造了在世界大赛上首次使用四周抛跳的历史,尽管动作失败了,最终只获得铜牌,但却是中国双人滑在冬奥会上夺得的首枚奖牌。同年,他们在世锦赛上首次夺得世界冠军,也是中国花样滑冰双人滑的第一个世界冠军。

不幸的是，2005年，赵宏博与花样滑冰队一起到云南进行高原训练，在做"后外点冰三周连跳"的难度动作时跟腱受伤。此时距都灵冬奥会只有几个月，这意味着赵宏博和申雪在都灵冬奥会前，至少3个月无法合练，他们不得不退出冬奥会前的所有赛事。

然而，赵宏博跟腱断裂后仅半年，便奇迹般复出。当赵宏博和申雪站在都灵冬奥会的冰面上时，那份对花样滑冰和体育事业的坚持、挑战自我的精神和对荣誉的渴望，带给所有人的感动无以言表。他们在自由滑比赛中，以一曲《蝴蝶夫人》为观众献上了优雅、完美的表演，再次为中国取得了一枚宝贵的铜牌。

都灵冬奥会并不是他们的最好状态，赵宏博很想证明自己的实力。于是，赵宏博和申雪在随后的国际大赛上几乎包揽了所有冠军。

2007年世锦赛后，赵宏博和申雪选择暂时离开赛场，二人赴北美参加了一系列花样滑冰表演，开阔了眼界，并为日后在冬奥会上夺金积累了丰富的经验。为了圆冬奥会的金牌梦，赵宏博和申雪在2009—2010赛季宣布复出，再一次站上冰面的他们成功上演了"王者归来"。花样滑冰大奖赛中国站、美国站和总决赛，两人没有让金牌旁落，而且他们的技术动作、表演细节也日臻完善，屡屡刷新个人职业生涯的最高分。

2010年温哥华冬奥会上，赵宏博和申雪以更加新颖的舞蹈、更加自信的状态和如痴如醉的表演获得了全场观众长时间的喝彩，最终以总分216.57分刷新国际滑联的最高分纪录，当之无愧地获得了冠军。他们为中国赢得了花样滑冰历史上首枚冬奥会金牌，终结了俄罗斯人对冬奥会花样滑冰双人滑冠军长达46年的垄断。37岁的赵宏博也成为自1924年以来获得冬奥会金牌年龄最大的选手。

他们实现了中国花滑几代人的梦想！不但创造了历史，也圆满地完成了最后一次奥运会之旅。

温哥华冬奥会后，赵宏博和申雪退役。2013年，在中国花样滑冰陷入低谷时，赵宏博应邀出任中国花样滑冰队双人滑主教练。

4年后，2017年4月进行的赫尔辛基世界花样滑冰锦标赛上，赵宏博的弟子隋文静/韩聪和于小雨/张昊，分别夺得冠军和第四名，让中国花样滑冰重返巅峰。2017年6月，赵宏博从恩师姚滨手中接过教鞭，成为中国花样滑冰队总教练。

如今，赵宏博正率领运动员们为2022年北京冬奥会奋战拼搏，而2017年10月开始担任中国花样滑冰协会主席的申雪也将全部的时间和精力投入到了花样滑冰事业中。

赵宏博说："我和申雪非常热爱花样滑冰事业，我们希望能将自己的技术和才能奉献给祖国，奉献给花样滑冰事业，在中国花样滑冰事业的发展中留下自己的足迹，回报祖国。"[10]

十二、北京冬奥会花样滑冰观赛指南

花样滑冰比赛场馆——首都体育馆于1968年建成，是国内第一座人工室内冰场，曾举办2008年北京奥运会排球比赛。2022年北京冬奥会期间将承担短道速滑和花样滑冰比赛任务，产生14枚金牌（9枚短道速滑金牌，5枚花样滑冰金牌）。

北京冬奥会花样滑冰比赛的赛程见表3-1。

表 3-1 北京冬奥会花样滑冰比赛的赛程[11]

日期	比赛开始时间	项目	比赛场地	地址
2022-02-04	09:55	团体赛：冰舞韵律舞、双人滑短节目、男单短节目	首都体育馆	北京市海淀区中关村南大街56号（近地铁四号线）
2022-02-06	09:30	团体赛：女单短节目、男单自由滑		
2022-02-07	09:15	团体赛：双人滑自由滑、冰舞自由舞、女单自由滑		
2022-02-08	09:15	男单短节目		
2022-02-10	09:30	男单自由滑决赛		
2022-02-12	19:00	冰舞韵律舞		
2022-02-14	09:15	冰舞自由舞决赛		
2022-02-15	18:00	女单短节目		
2022-02-17	18:00	女单自由滑决赛		
2022-02-18	18:30	双人滑短节目决赛		
2022-02-19	19:00	双人滑自由滑决赛		
2022-02-20	12:00	表演滑		

参考文献

[1] 叶铭. 冬季奥运会体育欣赏［M］. 上海：立信会计出版社，2018.

[2] 冠军小课堂 I Lesson 6 花样滑冰旋转的秘密［EB/OL］.（2018－08－30）［2021－10－17］. https：// www.sohu.com/a/250975690_500784.

[3] 花样滑冰的技术动作有哪些［EB/OL］.［2021－10－17］. https：//www.zhuna.cn/zhishi/2998770.html.

[4] 花样滑冰女运动员的服装有什么历史和来历吗？［EB/OL］.（2018－12－30）［2021－10－17］. https：//www.lishixinzhi.com/miwen/1209734.html.

[5] 吕圣荣，孙葆丽. 奥林匹克运动与妇女［M］. 北京：大众文艺出版社，2000.

[6] 完美回归！羽生结弦第 19 次打破世界纪录［N/OL］. 环京津网，2020－02－08［2021－10－17］. https：// baijiahao.baidu.com/s？id＝1657938362384693227&wfr＝spider&for＝pc.

[7] 华春莹回应日本网友：给羽生结弦加油这件事，就交给我们吧！［EB/OL］. 腾讯网.（2021－10－02）［2021－10－17］. https：//new.qq.com/omn/20211002/20211002A05JEY00.html.

[8] 最好的普鲁申科："冰王子"的成就[EB/OL]. 央视网. (2014-02-12)[2021-10-17]. http://sports.cntv.cn/2014/02/12/ARTI1392165917999451.shtml.

[9] 浪子说史. 花样滑冰冠军陈露，嫁给大自己12岁的老外，生下一女儿入中国籍[EB/OL]. (2021-05-12)[2021-10-17]. https://www.163.com/dy/article/G9QVJJQO0543VQRQ.html.

[10] 挑战自我 再创辉煌：记前花样滑冰运动员申雪/赵宏博[EB/OL]. 中国运动文化教育网. (2018-12-08)[2021-10-17]. https://www.ydyeducation.com/index/new/news_detail/dict_id/40/nav/nav_ydy/id/6363.html.

[11] 北京冬奥组委. 北京2022年冬奥会竞赛日程 第十一版[Z]. 2021.

第四编
冰 球
ICE HOCKEY

快速滑行，压步转弯，急停急起，闪躲腾挪，合理冲撞，阻截拼抢，令人窒息的激烈对抗，射门，直径7.62厘米的冰球吸引了全世界的目光。[1]

一、冰球运动缘起

北方的冬天，在冻结实的河道上，村子里的小孩们总是偷跑到冰面上拿了小棍玩打石头的游戏。正看着石头在冰面上滑行的时候，大人们来了，小孩儿四处逃窜，于是这欢乐的游戏暂停了。或许，因此就少了几个冰球运动员呢？

为什么联系到冰球这项运动？想想，冰球当初不就是由一群年轻人，穿着自制的冰鞋，手里拿着根木杆儿，在冰封的大水面上滑着、追着，击打着个圆木块或者鹅卵石而形成的吗？冰球——就是一项两队运动员踩着冰刀鞋，手拿冰球杆，在球场上争夺冰球，并最终将它击入对方球门获得分数，得分高方赢得胜利的运动。这样的集体性竞赛项目，也被称作"冰上曲棍球"。冰球这项运动被创造出来，就是人类爱玩天性的结果，当然，也是为了感受在冰上飞驰打球带来的快乐。

观察下来，孩子们总是这样玩，可他们没将这种玩法变成体系。冰球发展的历史其实很漫长，最开始还是起源于加拿大。冰球作为一种自发的冰上活动从加拿大金斯顿地区开始流行，可是最初并没有专门的器材装备，也没有固定的冰场尺寸，更遑论对参赛人数和裁判员的要求。转折点是在1875年3月，在加拿大蒙特利尔的维多利亚冰场，那里举办了第一次正式的冰球赛。比赛结束后，麦克吉尔大学（McGill University）成立了冰球俱乐部；1879年，麦克吉尔大学的罗伯逊和史密斯共同制定了冰球比赛规则；后来，规则完善，冰场、球杆与球鞋这些设施装备也不断改进——现代冰球运动，就这样形成了！

二、冰球运动与中国

冰球从加拿大起源，后来也很快传入了中国。那是在清朝末期，我国一些沿海城市被迫开辟为通商口岸，而这其实也给中国带来了很多新奇玩意，冰球就是其中一种。外国的传教士、官员和商人涌入中国发展，就连带着把冰球、网球、体操这类运动也一同带来了。中国的城市和学校里的人们感受到了这些新奇玩意的乐趣，接触的人就越来越多，冰球这项运动也就在中国大地上生根开花。

1875年国外才有了第一场正式的冰球比赛，在仅仅十几年后的1890年，中国就修建了冰球场地。冬天，在场地上浇上水，结冰后人们穿上冰刀鞋就开始了滑冰与冰球运动。在天津和北京居住的外国人还成立了冰球俱乐部，每年冬天都联合举办京津城际冰球赛。再后来，东北的哈尔滨、沈阳、大连等城市的外国人也开始在冬天修建冰球场地，冰球就这样随着外国人在中国的流动而在中国各地流行起来。

中华人民共和国成立后，冰球运动更是在中国迅速发展。1981年3月，北京首都体育馆举行了世界男子冰球锦标赛（C组）。这项赛事里，中国六胜一负获得亚军，从而历史性地晋级B组。这成功在国内掀起一波"冰球热"，全国各地开始支持冰球运动，从此，冰球在中国的运动界站稳了脚跟。

三、冰球打的是什么球？

冰球可不是用冰块凿成的球，虽说有个"球"字，可这个"球"却并没有球的样子，顶多沾边的是个圆形。这个"球"其实是个扁圆柱体，一般用硬橡胶做成，厚2.54厘米、直径7.62厘米、重156～170克。轻轻一推，冰球便滴溜溜地滚。当然，冰球大多数时候是滑行的。

四、斯坦利杯有什么故事？

在冰球运动里，比冰球的球更有趣的是它的奖杯——斯坦利杯。1893 年，加拿大的总督斯坦利勋爵（Lord Stanley）买来了一个银杯，他十分珍视，就拿它作为对当时加拿大最顶尖的冰球队的奖励，因此还举行了很多届斯坦利杯挑战赛。各支冰球队也都很向往斯坦利杯，他们激烈争夺，有一年，斯坦利杯甚至被挑战了三次，可见斯坦利杯在冰球界的地位。

更有趣的规定是，在冠军球队得到斯坦利杯后，球队的每名队员可以分别"独占"斯坦利杯一整天。于是，队员们在斯坦利杯只属于自己的这一天里，会把斯坦利杯装满食物，包括谷物、肉丸、鸡翅，甚至还会放入自己爱吃的冰激凌！斯坦利杯是不完美的，上面雕刻的句子有多达 20 多处语法、拼写错误——可是，谁又会在乎呢？斯坦利杯就是职业冰球霸权的象征，拿到斯坦利杯还是要塞满自己喜欢的食物，到手了就是骄傲的，是欢乐的！

1917 年，北美国家冰球联盟（National Hockey League，NHL）成立，联盟接管了斯坦利杯。现在即使成为最强的冰球队，也已无法感受当时赢得斯坦利杯挑战赛的乐趣了。

五、冰球的场地

看到冰球场,很多人是要惊呼一声的:这布局怎么这么熟悉?虽然对冰球接触不多,可有种桌游——桌上冰球是很多人玩过的,那就是缩小版的冰球场地,可不熟悉么。

真正的冰球场整体就是个长方形,四个角是圆弧形,四条边还有四堵"墙",也就是界墙,里面是冰面,就像一个盛了薄薄一层水然后结冰的小方盘。

不过,冰球场地的规格可比小方盘大得多。标准冰球场的最大规格是长 61 米、宽 30 米,四角圆弧半径有 8.5 米;最小的规格也是长 56 米、宽 26 米,四角圆弧半径 7～8.5 米。这样大的场地,才能够支持得了冰球这项团体运动,允许十几个人在场上追逐滑行。

在冰球场上又有很多特定区域。冰场四周有牢固的界墙,两条蓝线把冰场分为 3 个区域:守区、中区和攻区。进攻队员不能先于球进入攻区蓝线并首先接得球或触及球,否则会被判为越位。

那么,什么是界墙?中线和开球点又在场地的哪里呢?我们来看一下冰球赛场(图 4-1)与对应的解释。

第四编 冰 球

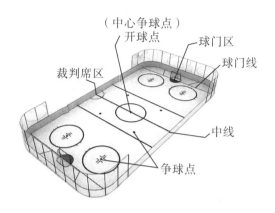

图 4-1 冰球地示意

界墙：在场地四周，用高 1.15～1.22 米的木质或可塑的材料制成的牢固的边界墙。界墙上还有保护玻璃与保护网，满足场外观众观赛的同时，起到保护作用。

球门线：在冰球场两端，各端距离端墙 4 米处，横贯冰场并延伸到两边的界墙，画出宽 5 厘米的两条平行线作为球门线。其中，两个球门就在球门线的正中间。

球场分区：球场会用两条 30 厘米宽的蓝线分成三部分。对于一方来说，本方球门的一边是自己的守区，中间就是中区，对方球门的一边是攻区。

中线和开球点：在球场正中间，还会有一条 30 厘米宽的红线，这就是中线。中线的中间，有一个直径 30 厘米的蓝色圆，这就是开球点。开球点也称"中心争球点"。

争球点与争球圈：除了中心争球点，在中区和两端的区域，还有 8 个直径为 60 厘米的争球点和 5 个半径为 4.5 米的争球圈。

球门：球门宽 1.83 米、高 1.22 米，球门最深处不大于 1 米，不小于 60 厘米。

球门区：球门区为半径为 1.83 米的半圆形，就是球门前蓝色的区域。球门区由 5 厘米宽的红色弧线包围着，是给守门员专门设置的区域，在这里，守门员就好似有金光护体，任何球员如果在球门区冲撞守门员，那就是"必死无疑"——被判犯规。而且，在这片区域射门也有额外要求，如果射门时有同一队的队员也在球门区，那么辛辛苦苦排除万难才打进的球也是无效的。

座席：在冰场一侧的界墙外面会设下分开的、专供比赛队员用的队员席，队员席隔着冰场遥遥相望的就是裁判席和受罚席。这里的受罚席也是有特殊讲究的，本书在介绍装备与比赛规则等知识之后进行说明。

六、冰球运动员的装备有多重？

冰球运动员的装备可以称为重量级装备。说是重量级装备，当然是因为冰球运动中衣物与工具的特殊性与重要性，但也确实是因为这些装备真的很重，是质量上的、实

第四编 冰 球

打实的重。

拿冰球运动员的装备来说，就有冰球杆、冰球鞋、护具和队服等。

冰球杆一般用木头制成，杆柄最长能有163厘米，不过冰球杆反而不是装备中的"重心"，标准冰球杆重量仅为395克。

重量级装备——护具，包括了头盔、护目镜、护颈、护胸、护肘、护腿、护膝、防摔短裤、护裆、冰球手套等。为了起到良好的保护作用，避免运动员在冰球这项迅猛激烈的运动中摔伤或者撞伤，这些护具都制作得极其厚实，全方位地把运动员保护起来，将运动员与一般的伤害隔绝。但这么厚实，能让人自然想到的就是很沉，穿上就好像扛着个大米袋在运动。可见，不止玩冰球不轻松，穿冰球的装备也是。所有这么多护具加起来，看起来会显得有点笨重，但其实经过合理的设计，冰球运动员们还是可以很灵活地滑行以及做动作的。

所有冰球运动员中，守门员的装备是最有份量的。为了避免守门员被冰球伤害，他们不仅需要穿上头盔、护胸、护臀、护裆和护腿，护喉和护颈也必须安排上，还有套在双腿及其中一只手上的长方形挡板和戴在另一只手上用于阻挡抓握飞来的冰球的抓手，且每样护具相较于球员的护具都会更加厚实坚硬。守门员的球杆也有更大更宽的杆刃。就这样一整套下来，守门员的装备至少重达10公斤，有的能达到15公斤。

看吧，冰球场上，想轻装上阵是不可能的，本就强壮、结实的运动员，上了冰球场，更得是个"重量级"人物。

七、冰球比赛有多少球员参赛？

在冬奥会中，冰球是分男子组和女子组两个小项的。有趣的是，男子冰球第一次出现在奥运赛场，是在1920年安特卫普举办的夏季奥运会上，这一届奥运会后来也被追认作首届世界冰球锦标赛。到了1924年夏蒙尼冬奥会，冰球正式成为冬奥会的项目。冬奥会男子组冰球比赛规定，每支队伍可最多报名22名球员、2名守门员和1名替补守门员，但比赛时每队上场的运动员要少于或等于6个人。

女子冰球项目起步比较晚，直到1998年长野冬奥会才成为冬奥项目。参加冬奥会的女子冰球队每队可报名20名球员、2名守门员和1名替补守门员。

八、冰球赛场上的方与圆

冰球比赛对抗剧烈,手中还握有球杆,装备防护武装到牙齿,女运动员、守门员和青少年运动员还必须佩戴装有防护面罩的头盔。球场内有 9 个争球点和 5 个半径为 4.5 米的争球圈,中心争球点是蓝色的,其他所有争球点是红色的。每局开始和每次比赛停止以后,都以争球开始或恢复比赛。双方各 6 人出场,比赛共进行 3 局,每局净比赛时间 20 分钟,局间休息 15 分钟。平局需要进行加时赛,循环赛阶段为 5 分钟加时,各 4 人出场;淘汰赛阶段及铜牌争夺战加时赛为 10 分钟,金牌争夺战为 20 分钟,均为 5 人出场。加时赛实行突然死亡法,一旦进球,比赛即时结束;一般情况下,若加时赛仍平局,双方将进行射门比赛(相当于足球的点球大战,进行 3 轮或 5 轮)决出胜负。而金牌争夺战则不设立射门比赛,若打完一个加时赛仍不分胜负,则要继续打下一个加时赛,甚至是再打一个加时赛,直到有一队先进球为止。

冰球比赛首先可以看到同一组别的两支队伍上场对峙。虽说候场区每支队伍浩浩荡荡有 17~23 人,显得十分有气势,但每支队伍只能上场 6 人,包括 3 名前锋、2 名后卫和 1 名守门员。这 6 个队员昂首挺胸从大队伍中走出，登入冰场，他们身上好像都沐浴着光辉，他们明白自己在这一刻肩负为队争光的使命！

各队人员已经上场，现在是比赛时间了！观赏着运动员迅速敏捷的动作，在这冰球比赛的赛场上，时间仿佛飞逝又漫长。一场冰球比赛下来，耗时并不短。甚至和任何对抗类比赛一样，冰球也有加时的情况。如果常规时间内双方不相上下，就会进入加时赛。加时赛可就不再是限定时间内看得分了，不然还真能有些队伍一直持平下去，那么这场比赛是"冤冤相报何时了"呢？瞧瞧加时赛的智慧，就是采用"金球制胜"原则，成败只在此一球，在加时赛中哪方首先进球，哪方就是胜利方。

在观众席看运动员们滑、躲、绕，看着小小的冰球飞驰、穿梭、进门，这时候，我们来关注一下得分。只要球进了门，就是拿到一样的分数吗？还是会像篮球一样在不同的位置射入门有不同的得分呢？答案是前者。只要参赛球员用冰球杆把冰球打进对方的球门，并且其冰球整个越过了球门线，就能拿到 1 分。在循环赛中，若常规时间内结束比赛，胜方得 3 分，负方得 0 分；若是通过加时赛或射门比赛分出胜负，胜方得 2 分，负方也能得 1 分。

刚开始上场的 6 个人迎着光辉、肩负使命，留在替补席的其他队员也一样激动紧张，时刻准备。看着看着，观众可能会有点惊诧，觉得会不会这比赛过程有点随意？——这都是冰球场上频繁且随时的队员替换惹的。

由于冰球运动员的滑行速度太快了，加上规则是开放的，相较于其他运动会更灵活多变，运动员之间的冲撞十分激烈——体力再好的人也难以受得住这么大的体能消耗。通常来说，一名球员在赛场上厮杀 30～120 秒就会被换下来休息了，紧接着另一名队员补上，完成这样频繁又迅速的交换。甚至换人不需要使比赛暂停，也不用示意裁判，更没有次数限制，只要下场的球员后脚离开比赛区域，替换的队员就可以前脚紧插进来，上场加入战斗！

冰球就是这样，看起来随意，其实它更加考验队友之间密切配合的默契程度，要求把整个队伍最具爆发力的那些"精华"状态汇聚起来，从而保持比赛"飞驰"的初衷与速度感。它是一项观赏性很强、令人激情澎湃的运动。

九、谁是冰球比赛的实力王者？

如果在场上看到三四名除两队队员之外的、穿着黑白间条上衣和黑色裤子在滑行的人员，可不要以为这是第三队的队员上错场了什么的。他们恰恰是最应该出现在冰球场上的人——场内裁判。

冰球比赛不仅有场内裁判，也有场外裁判。不过场内裁判需要在场上和运动员一起滑行，方便观察球员是否违规。冰球场上，或许裁判才是实力王者，他们既要眼观六路、耳听八方，抓出每处犯规并做好监督工作，又要有足够的体力长时间滑行——裁判可不能像球员一样随时替换。场内裁判中有一名是双臂都套着红袖章的，这就是主裁判，主要负责处罚犯规的队，判断是否进球与得分，主裁判的身份与地位让他负责管理全场比赛。而其他场内裁判就是边线裁判员，说是"边线"，可任务一点也不"边线"，他们要协助主裁判，判定是否"越位"与"死球"，并且负责开球之外的一切争球判罚，要负责的事情也是很多、很重要的。

场外也是有一个裁判组的，主要由一名计时员、两名记罚员、三名记录员和一名宣告员组成。他们要做各种比赛数据的记录与宣布，配合场内裁判完成工作。这样多达十人的庞大裁判队伍，是为了能在如此激烈的冰球比赛中清晰、公正地反映赛场情况。观众可能会被球员的迅猛动作迷惑，而裁判不会。

十、冰球比赛有哪些术语？

1. 转身

冰球的基本技术之一。对转身技术的练习是冰球运动技术训练与战术训练的基础。转身也是一种变向，这种变向不同于滑行中的转弯，它是沿着身体纵轴的转体动作，其目的是观察形势、加快滑行速度、争夺球权、阻截对方队员以及射门等。转身包括滑行转身——正滑变倒滑、滑行转身——倒滑变正滑、压步转身——正滑变倒滑和压步转身——倒滑变正滑等。

2. **起跑**

冰球的基本技术之一。对起跑技术的练习是冰球运动技术训练的基础，也是战术训练的基础。冰球的起跑是指运动员在静止状态或慢速滑行时做出的突然、快速的加速动作。在紧张激烈的比赛中，起跑通常用来摆脱对方、接应传球、突破进攻、争夺球权或回追防守等。起跑包括正面起跑和侧面起跑等。

3. **射门**

冰球的基本技术之一。对射门技术的练习是冰球运动技术训练和战术训练的基础。射门得分是决定比赛胜负的关键，因此，良好的射门意识和快速、准确的射门技术是非常重要的。射门技术包括拉射（扫射）、反拍射门、弹射、击射和挑射等。

4. **弹射**

弹射是射门中水平较高级的技术动作，动作隐蔽、起板快、准确率高。弹射主要使用腕力，其特点是没有拉杆的缓慢动作，快速而准确的弹射可以防止对方破坏，增加得分机会。弹射射门一般是在滑行中进行的。弹射时，两手之间的距离要比拉射距离稍大些，射门之前先将球拉近身体，杆刃接近垂直冰面时，突然用力屈腕，使球与杆刃稍有一点距离，然后两手用力做相向动作，用杆的弹力将球弹出射门。

5. 开球点

在冰球赛场上，红色中线中间有一个蓝色点，这就是开球点。每局比赛开始或者射中球门以后，双方都要在这个点上争球，以此开始下面的比赛。

6. 争球点

冰球比赛场地上，除开球点外还有另外 8 个点，称为争球点。比赛中，如果因为犯规、守门员控制球、出界、队际暂停等导致比赛暂时中止，双方须在争球点争球，重新开始比赛。

7. "越位"与"死球"

说到"越位"与"死球"，大家都知道这是某种犯规，但冰球比赛中的"越位""死球"具体是怎样的呢？先来说说哪些行为是犯规的吧：将对手向界墙猛烈撞击，杆柄杵人，加速冲撞，背后冲撞，撞击头部或颈部，扑倒绊人，横杆推阻，肘部顶人，高杆，抱人，干扰，膝盖顶人，握球杆，粗暴打架，勾人，用杆击打，杆刃伤人，绊人，死球，越位，场上人数过多，等等。每种犯规行为都由主裁判或边线裁判做出相对应的手势以明示。当裁判发现有人犯规时，一般会单臂上举并吹哨，这样场上人员与观众都知道有人犯规了，再指明犯规运动员，然后清楚地做出相应犯规的手势，再向场外记录员做一次手势方便记录，这就算完成判罚了。这样哪怕比赛场面激烈到让人看花了眼，也能帮助观众更好地了解赛场情况。

比较难以一目了然的犯规是越位和死球。

比赛越位：在攻方进攻时，冰球在越过攻方半场蓝线的瞬间，有攻方队员心急了，没控制好速度，无论什么原因，比冰球还要先越过蓝线，就会导致越位犯规。越位与否，这里冰刀的存在感又凸显出来了。判断队员是否越位的依据，就是看队员的冰刀有没有完全越过蓝线。如果冰刀踩在蓝线上，是不判作越位的。越位判罚后，双方队员还要在越位位置附近的蓝线争球点上重新争球。

越位的"悬崖勒马"大概就是暂缓越位了，也就是攻方无球的队员越过了对方的蓝线进入攻区，但是本方控球的队员运球时球还没有越过对方的蓝线的话，则是处在暂缓越位位置。这时候边线裁判会举起左手示意有队员处在越位的位置，并且大喊"越位"，以响亮的提醒音说明有人正处在越位位置。如果这时候在越位位置的所有队员迅速滑行出攻区，就可以解除暂缓越位，也不算犯规。

说到"死球",就要提到,在足球比赛中有个"大脚解围"的说法,就是把球一脚踢个老远,直接踢出本队的防守区域以化解危机。而若是在冰球比赛中,想要"大脚解围",却是违规的。在冰球比赛中,如果防守方人数并未处于劣势,队员没有把球带过本方防守区与中区之间的蓝线,而是在自己的守区内就把球直接打过对方的球门线,这时候裁判就会吹哨停止比赛,把那颗正洋洋得意驰骋冰场的冰球带回防守方一侧的争球区,让它乖乖地待在那儿,重新开始争球。这就是"死球",或者叫作"解围违例"。因此,心急解围也不能"大力出奇迹"。冰球飞速穿梭却有进有退、反复转向,不乐意长距离跨区,横冲直撞。

8. 调解与制止

在这布满冰的冰球场上,时不时会看到火焰的出现——同在一片受限的活动空间,在这飞速的滑行与高涨的斗志中,运动员之间极容易出现冲突,产生危险——队员们怒火燃起,肢体冲突加剧,眼看着就要打起来。比赛中,常有队员非法冲撞、高杆打人、杆刃推人,或是勾、抱、绊、顶、踢人这样的情况,不及时阻止就会有危险发生。此时,就是裁判员出面调解和制止的时候了。

十一、冰球比赛的受罚席有什么用？

冰球是一项频繁发生身体接触的比赛。在对方身上犯规的可能性很多，包括背后撞人、绊人、用膝顶人、用肘顶人、举杆过肩、用冰球杆戳人等。当运动员们你挤我扛，纷纷为自己感到不公的时候，裁判要用处罚让他们冷静下来。

1. 冰球运动的处罚形式

冰球比赛的处罚形式和程度也是多样，小罚、队小罚、大罚、违例、严重违例，甚至停赛。

小罚：犯规的队员被罚离场，在受罚席接受 2 分钟的处罚，并且这段时间里此队不能派其他队员代替受罚者上场。

队小罚：犯规队选一名场上的队员离场，在受罚席接受 2 分钟处罚，这段时间里也是不能派其他队员代替受罚者上场。

大罚：犯规队员被罚离场回更衣室 5 分钟，并由队友代替其到受罚席接受 5 分钟处罚，其间不能派其他队员代替受罚者上场。5 分钟结束后须指定一名队员执行严重违例处罚。

违例：犯规队员被罚离场，在受罚席接受 10 分钟处罚，其间允许球队派其他队员代替受罚者上场。同一名队员一场比赛中若第二次被判违例，将自动升级为严重违例。

严重违例：犯规队员被取消本场比赛资格，但允许球队派其他队员代替受罚者上场。

停赛：犯规队员甚至是球队官员直接被取消本场比赛资格，且此队要指定一名队员代其到受罚席接受5分钟处罚，其间不能派其他队员代替受罚者上场。被罚停赛的队员附加自动停赛至少一场。

罚任意球：被犯规队的一名队员，在没有任何人干扰的情况下，从开球点向前场进攻区运球，完成一次射门。

2. 冰球运动的受罚席

看到这么多"受罚席"，冰球比赛的受罚席又有什么用？

在冰球赛场上，每队各有一个受罚席，设置在记录席两侧，各自队员席的对面。每个受罚席必须是相同的尺寸和质量，不能给某队任何优势。队伍必须使用位于他们队员席对面的受罚席。每个受罚席只设一个出入口，只允许记罚员操控此出入口。对于进入受罚席的人员也有严格限制，只允许记罚员、受罚球员及裁判员进入受罚席。两个受罚席的位置都必须设置于中区内。

在执行处罚时，也要有相应的礼仪。队员在受到裁判员处罚以后,要立刻去往受罚席执行处罚,不应做任何动作或手势,不应说任何话语,不应用杆击冰面。进入受罚席后,不应摔冰球杆和手套,也不应敲打板墙。这些都是不礼貌的言行。

十二、冰球比赛允许打架吗?

国际冰球比赛对于打架是零容忍的,绝不允许其发生。

打架是指在比赛期间、比赛停止后或任何常规比赛中持续的队员冲突期间,队员猛击对方。

如果发生打架的情况,参与者是要受到相应的处罚的。对于不同的打架情况,判罚方案也各不相同。

(1)先开始打架的队员将被判停赛。

(2)队员因被打以任何方式报复,将至少被判小罚。

(3)意在参与和对方产生冲突的队员,脱去手套或头盔,除任何其他判罚以外将被判违例。

(4)如果打架中有明显的煽动者或挑衅者,除任何其他可能发生的判罚以外,该队员将因挑衅被判一个小罚。

(5)如果打架中没有明显的煽动者或挑衅者,双方队员都可以被判停赛。

(6)场内队员第一个介入双方正在发生的打架中

（第三人），除任何事件中可能发生的判罚以外，将被判严重违例。介入的程度是执行解释的标准。

（7）打架队员在被裁判员命令停止后仍试图继续或继续打架，或抗拒边线裁判员试图避免继续打架的举措，将被判双重小罚，或大罚和自动严重违例，或停赛。

（8）如果介入打架的一名队员在场内，另一名队员在场外，双方都将被判违例或严重违例，或停赛。

（9）无论在场内或场外，队伍官员介入打架，都将被判严重违例或停赛。

（10）场内冲突中，第一个离开队员席或受罚席的任意一队的队员，将被判双重小罚和自动严重违例。在队员冲突中后续离开队员席的队员将被判违例。在队员冲突中后续离开受罚席的队员将被判小罚和严重违例，这些判罚将于之前的判罚结束后执行。单纯离开队员席或受罚席的行为构成犯规，即使这些队员在场内没有介入打架。

（11）在队员冲突之前，允许队员替换（如换人列阵），但任何队员如果离开队员席或受罚席，之后介入到队员冲突中，将被判罚。

（12）如果双方队员同时离开各自的队员席，或一队队员看到另外一队队员离开队员席后才那么做，在规则项下，各队第一名可辨认的队员将被判罚。

（13）在规则项下，可判罚每队最多5个违例和/或严重违例。

（14）某队员不能因继续打架而同时被判停赛和严重违例。

 十三、北京冬奥会冰球观赛指南

北京冬奥会冰球比赛在国家体育馆和五棵松体育中心举行。

为了筹备2022年北京冬奥会，国家体育馆特地进行了场馆改造，为冬奥会的冰球项目提供场地。根据北京冬奥会场馆和配套基础设施总体建设计划，改造工程于2018年12月开始，2020年12月完工，历时24个月。除对其主馆进行改造，增加相关功能外，还在其北侧新建冰球训练馆，改建后场馆总面积约9.8万平方米，配置两块符合奥运赛事标准的冰球场地，冬奥会时，一块用于正式比赛，一块用于赛前训练热身。国家体育馆也有了昵称——"冰之帆"（Ice Fun）。

五棵松体育中心可在6小时内实现冰球、篮球两种比赛模式的转换，是国内首个在一块比赛场地可举办篮球、冰球两种职业体育赛事的场馆。五棵松体育中心在北京冬奥会期间将作为冰球训练场馆使用，因其特殊设计的多彩外幕墙体系，场馆得名"冰菱花"。

在2022年北京冬奥会中，冰球比赛将产生2枚金牌，其中男子 1 枚、女子 1 枚。

北京冬奥会冰球比赛的赛程见表 4-1。

表 4-1　北京冬奥会冰球比赛的赛程[11]

日期	项目	比赛开始时间	对阵双方	比赛场地
2022-02-03	女子冰球预赛	12:10	加拿大-瑞士	国家体育馆
		12:10	B2-中国	五棵松体育中心
		16:40	B3-日本	五棵松体育中心
		21:10	苏兰-美国	五棵松体育中心
2022-02-04	女子冰球预赛	12:10	俄罗斯奥委会-瑞士	国家体育馆
		12:10	B4-中国	五棵松体育中心
2022-02-05	女子冰球预赛	16:40	B2-B3	国家体育馆

续表 4-1

日期	项目	比赛开始时间	对阵双方	比赛场地
2022-02-05	女子冰球预赛	12:10	加拿大-芬兰	五棵松体育中心
		16:40	日本-B4	
		21:10	美国-俄罗斯奥委会	
2022-02-06	女子冰球预赛	16:40	中国-日本	
		21:10	瑞士-美国	
2022-02-07	女子冰球预赛	12:10	俄罗斯奥委会-加拿大	五棵松体育中心
		16:40	B2-B4	
		21:10	B3-中国	
		21:10	瑞士-芬兰	国家体育馆
2022-02-08	女子冰球预赛	12:10	美国-加拿大	五棵松体育中心
		16:40	日本-B2	
		21:10	B3-B4	
		21:10	俄罗斯奥委会-芬兰	国家体育馆

续表 4-1

日期	项目	比赛开始时间	对阵双方	比赛场地
2022-02-09	男子冰球预赛	16:40	俄罗斯奥委会-瑞士	国家体育馆
		21:10	捷克-丹麦	
2022-02-10	男子冰球预赛	12:10	瑞典-拉脱维亚	国家体育馆
		16:40	芬兰-斯洛伐克	
		21:10	美国-中国	
		21:10	加拿大-德国	五棵松体育中心
2022-02-11	男子冰球预赛	12:10	丹麦-俄罗斯奥委会	国家体育馆
		16:40	捷克-瑞士	
		21:10	拉脱维亚-芬兰	
	女子冰球四分之一决赛	12:10		五棵松体育中心
	男子冰球预赛	16:40	瑞典-斯洛伐克	
	女子冰球四分之一决赛	21:10		

续表 4-1

日期	项目	比赛开始时间	对阵双方	比赛场地
2022-02-12	男子冰球预赛	12:10	加拿大-美国	国家体育馆
		16:40	德国-中国	
		21:10	俄罗斯奥委会-捷克	
	女子冰球四分之一决赛	12:10		五棵松体育中心
		16:40		
	男子冰球预赛	21:10	瑞士-丹麦	
2022-02-13	男子冰球预赛	12:10	斯洛伐克-拉脱维亚	国家体育馆
		16:40	芬兰-瑞典	
		21:10	加拿大-中国	
		21:10	美国-德国	五棵松体育中心
2022-02-14	女子冰球半决赛	12:10		
		21:10		
2022-02-15	男子冰球晋级赛	12:10		国家体育馆
		16:40		
		21:10		
		12:10		五棵松体育中心

趣赏冬奥——冰上项目

续表4-1

日期	项目	比赛开始时间	对阵双方	比赛场地
2022-02-16	男子冰球四分之一赛	12:10		国家体育馆
		16:40		
		21:30		
	男子冰球四分之一决赛	14:00		五棵松体育中心
	女子冰球铜牌赛	19:30		
2022-02-17	女子冰球金牌赛	12:10		
2022-02-18	男子冰球半决赛	12:10		国家体育馆
		21:10		
2022-02-19	男子冰球铜牌赛	21:10		
2022-02-20	男子冰球金牌赛	12:10		

注：1. 国家体育馆地址：北京市朝阳区天辰东路9号。

2. 五棵松体育中心地址：北京市海淀区复兴路69号。

3. 女子冰球预赛B组暂未确定的队伍暂用B2、B3、B4表示。对阵双方待定的场次留空。

4. 赛程可能更新，以北京冬奥组委官网（https://www.beijing2022.cn/）公布为准。

参考文献

[1] 冬奥竞赛项目知识介绍：冰球［EB/OL］. ［2021 - 10 - 16］. https：//www. beijing2022. cn/cn/olympics/ice_hockey. htm.

[2] 赵树忠. 冰球［M］. 长春：吉林出版集团有限责任公司，2007.

[3] 宋志强. 激情平昌，梦延京张［M］. 北京：新华出版社，2019.

[4] 郝敬堂. 中国冰雪梦［M］. 北京：电子工业出版社，2017.

[5] 赵真. 冬奥趣读：一本书看懂冰雪运动［M］. 北京：化学工业出版社，2021.

[6] 李树旺. 北京冬奥语境下大众冰雪运动参与报告［M］. 长春：吉林科学技术出版社，2019.

[7] 王春露，庞念亮. 勇敢者游戏：冰球［M］. 北京：新世界出版社，2021.

[8] NHL - 冰球入门规则［EB/OL］.（2011 - 05 - 08）［2021 - 10 - 21］. https：//sports. qq. com/a/20110508/000363. htm.

[9] 白冰. 冰雪体育探究［M］. 哈尔滨：哈尔滨工业大学出版社，2016.

［10］北京 2022 年冬季奥林匹克运动会申办报告［M］. 北京：北京体育大学出版社，2015.

［11］北京冬奥组委. 北京 2022 年冬奥会竞赛日程 第十一版［Z］. 2021.

第五编
冰 壶
CURLING

看似风平浪静、温文儒雅，实则暗流涌动、斗智斗勇，冰壶运动展现的是静动之美和取舍之智。

一、项目起源

冰壶这项冰上项目，很多人第一次知道它，大概还是来自初中的物理题——根据摩擦力计算速度，了解到冰壶的滑行和得分区域的。不过，只是通过物理题题干的介绍来简单了解冰壶显然是不够的，冰壶的魅力，看完以下内容便知。

冰壶又叫作"冰上溜石"，也常被称作"冰上象棋""冰上贵族运动"。冰壶由壶体、手柄和螺栓组成，直径不到30厘米，重量为44磅（约20公斤）。这可是一项有着500多年历史，集智慧、娱乐、竞技、团队协作于一体的优雅团体运动项目。

为什么把冰壶称为"冰上象棋"呢？进入赛场，当我们关注着场上的一只又一只冰壶，两种颜色的冰壶们你挤我撞，小心翼翼、无比谨慎地控制自己，同色冰壶的配合，异色冰壶的"勾心斗角"，活脱脱地把运动玩成了脑力劳动。竟真叫人想起象棋里的你吃我赶，所以可不就是冰上运动中的"国际象棋"么。

二、冰壶的场地

冰壶标准场地长 45.72 米、宽 5 米，冬奥会赛场设 4 条赛道，冰面温度控制在 -8.5 ℃。为增加壶与冰面的摩擦，比赛前要在冰面上均匀喷洒水珠，形成点状麻面。

在这个长 45.72 米、宽 5 米的比赛场地上，有两个同心圆分别在长长的冰道的两端，呈对称分布，都是由外面一个直径 3.66 米的大圆圈和里面小一些的 4 个同心圆圈组成，叫作"大本营"。比赛场地被称作"冰道"，大本营就分布在冰道两端，中间仍有一段长长的距离，两个大本营距离冰道两端也分别有一段距离。这样的设计使得运动员可沿着两个方向比赛。

除了这两个同心圆，在冰场上还能看到多种不同的线：

（1）冰场两端的挡板线。

（2）每个大本营与冰道端线中间的两个起踏器——也就是投掷冰壶的运动员要踩上去从此处出发。

（3）穿过两个大本营圆心的中线。

（4）冰道周围的边线。

（5）穿过比赛区和投掷区两个大本营的圆心并且与中线垂直的 T 线。

（6）在大本营靠近冰道两端，与比赛端大本营相切、与中线垂直的底线。

（7）位于两个大本营中间部分区域的两条前掷线。

（8）两条前掷线中间的限制线和混双摆壶点。

冰壶的玩法是和这些线与圆紧密相关的。

投壶的运动员需要从冰道的一端向前滑行，在特定的区域将冰壶送出，再通过其他队员的扫冰来调整冰壶的方向和速度，最终使冰壶尽量停在比赛区的大本营圆心附近。

而这些冰道上一条条的线和圆，不仅决定了投壶位点，也决定了投掷出的冰壶是否有效。有效，即是"有效壶"。投掷冰壶的运动员必须做到在投掷端的前掷线之前出手，并且投掷的冰壶必须超过比赛端的前掷线。如果投掷出的冰壶甚至没有到达掷壶端的前掷线，该运动员可以重新投掷。而如果投掷出去的冰壶用力过猛，触碰了比赛端的底线，那这就是个无效壶，触碰到边线的冰壶也算作无效。无效壶会被直接拿出有效区域，不会影响其他壶。所以投掷冰壶是一件极其需要谨慎操作的运动。

比赛中，红队已经投掷出一个堪称完美的冰壶了——这个上部红色的冰壶停在了同心圆的内部小圈上。而红队的对手——黄队，也在平静的滑行中送出了自己的冰壶。这个上半部分是黄色的冰壶也不负众望，不动声色地去了

比赛端的大本营，出人意料地直接撞上了红队的冰壶，将其撞出大本营的大圈。"好壶！"这可不是犯规或者意外，黄队队员欣喜之至，红队队员惋惜叹气。

而冰壶赛场上不会立刻出现输赢——好戏，还在后头呢。

为何这样说？这是和冰壶的得分规则有关的。

三、冰壶怎么玩？

一般的冰壶比赛双方队员各4人登场，分一垒、二垒、三垒和四垒，两队交叉顺序投壶，十局比赛，得分多者获胜。

冰壶自1998年开始被设为冬奥会的正式比赛项目，是分设男子、女子两项的，不过男子、女子冰壶比赛的规则基本相同。除了这种常见的两队对抗，还有混合双人冰壶和轮椅冰壶。混合双人冰壶中，每队由一名男子选手和一名女子选手组成，没有替补队员。每队每局要投掷5只冰壶，同时每局开始前双方应在规定的位置各放置一个"固定壶"，一场比赛有8局。一位选手投掷第一号冰壶和第五号冰壶，另一位选手投掷第二号、第三号和第四号冰壶，且第一号投掷选手每场单局可更换。轮椅冰壶由坐着轮椅的残疾人参赛，在2006年被纳入冬季残奥会的比赛项目，与普通冰壶赛不同的是，每支参赛队必须有一名女性运动员参加，且不允许扫冰。

投壶运动员借助起蹬器发力滑行，两脚鞋底的结构不同，便于在滑行与制动间切换。在抵达前掷线以前，必须投出冰壶。旋转手柄可以改变壶的运行轨迹，两名同伴手持冰刷通过扫冰控制壶的方向和速度，他们在队员的呼叫指挥下行动。扫冰考验运动员的爆发力和耐力，一场比赛中每队的主扫冰手会进行60多次的扫冰。壶越过T线后，双方都可以有1名队员为对方的壶扫冰，破坏对方战术。占位、进营、击打、扫冰，每局结束，其中一方营内壶每有一个比对方的任何壶都更接近圆心则获得1分。

以最常见的女子冰壶比赛为例，让我们来一起假想一场红队与黄队的对战，欣赏她们的风采，领略冰壶的静与动，取与舍。

比赛以两队队员握手开始。第一个出场的是红队队员，她身着红色队服，在出发线处前推了个带有红顶的冰壶，人与壶一同前进，到了两个同心圆的前端，队员一推，冰壶自己加快速度走了，留着人在后面缓缓望着，也不需要考虑什么。冰壶悠然自得地往前滑行，穿过长长的滑道，平静而安详。这时候能看到的是另外两名红队选手开始操心，忙前忙后地侍候着这只冰壶，拿着冰刷，边滑行边用她们的高频手速抖动着来回刷扫冰面，为冰壶清路，欢迎仪式十分隆重。于是这只冰壶慢悠悠地滑到了另一个同心圆附近，在最后这慢速的几秒，时间仿佛停滞，队员们注视着这只冰壶，看着它不负众望地进入了圈内，很是欣慰。

四、冰壶比赛怎样得分？

冰壶是团组对抗的项目，每场比赛由两支队伍对抗。男子冰壶或女子冰壶比赛时，每支队伍有5名队员，其中4人出场、1人替补。冰壶比赛中，上场的每个队员每局有2只冰壶，也就是有2次投掷机会，那么每队在一局中可以投出8只冰壶，也就是说，一局比赛下来一共投16只冰壶。计算比分是每一局双方所有冰壶都投掷完毕之后的事。等到两支队伍投掷完所有的冰壶，距离圆心最近的一方才能得分，每只冰壶计1分。

需要注意的是：

（1）每一场单局只有距离圆心最近的壶所属的队伍才能得分，所以每一场单局只有一方可以得分，单局中得分只有几比零，不会有几比几。

（2）单局中的胜利方不止可以拿到1分。找到对方距离圆心最近的冰壶，以这只冰壶为基准，所有比这只冰壶更靠近圆心的自己队伍的壶都可以得分。若是双方实力悬殊，一场单局中胜利方拿个三五分倒也有可能。

（3）在大本营外的壶就不能得分了，哪怕失利方失误到没有一只冰壶在大本营内，获胜方也只有在大本营内的冰壶可以得分。比赛总要设置一些条件来催人奋进，得分要求太低的话运动员可就没啥进取心了。

如若两支队伍分数相差还是很悬殊，分数少的队伍可以选择提前认输，不再进行后面的单局。

红队与黄队还刚处于第一场单局的开头，扭转局势还是不成问题。

至于黄队竟然撞击了红队，这是符合比赛规则的，也是冰壶运动中常有的操作。在冰壶运动中，为了使自己队伍的冰壶最终距离圆心最近，投壶队员在力求将冰壶滑向圆心的同时，也可以在主力队员的指挥下用自己的冰壶把对方的冰壶撞出大本营或者把自己的冰壶撞向大本营的圆心。双方在这种情况下你追我赶，各自规划着自己的策略。

五、冰道上的圆规

通常，运动员们会从冰壶的正上方俯视冰壶的边缘是否进入大本营。至于比较每场单局结束后冰壶与圆心的距离远近，如果几只冰壶在距离圆心差不多远的位置，而方位又不同的话,其实是很难看出来哪只冰壶距离圆心更近的。这时候,就会用到一个"神器"——大圆规,这是冰壶比赛中裁判经常用到的工具。这种大圆规的半径与大本营半径相等,通过让这个圆规经过某只冰壶画圆来判断此壶与其他冰壶的远近,进而决出胜负。

记分牌在黄队处标示一个小锤(或 * 号),表明黄队在第一局中后投壶。红队队员显然有些受挫,在正式开局之前的投掷选择先后手方面,红队是不占优势的,已经开局的第一壶会这样被"暗算"。什么是先、后手?可进入红队队员的回忆一看。冰球开局是需要双方各自派出一名队员投掷一壶的,哪个队伍投出的冰壶距离 T 线更近,哪个队伍就有权选择己方第一局是先手还是后手,也就是在投掷冰壶的交替中选择自己先投掷冰壶,还是后投掷冰壶。每一局的比赛哪支队伍得分,这支队伍在下一局就是先手,不过如果一场单局后手方没有得分,那么下一局先后手顺序不变。显然现在的情况是黄队获得了选择权,选择作为后手。因为正常情况下,当然是后手更占据优势的。后手的队伍可以想方设法在最后一投获得 2 分甚至更高的分数,哪怕做不到,也可以设法让双方都不得分,继续保持下一局的后手。红队作为先手队伍的话,就有点处于劣势。

红队的同一名队员投出了第二只冰壶,不是很精准,停在了前掷线后，却也并未进入大本营，然后黄队又一轮投掷，接着是红队换人投掷，黄队也做了调整，然而两支队伍各自的指挥策略却没有变。这又是怎样的分工？正如前文所说，每个球员是有两只冰壶的，冰壶队伍中的四名队员，分别被称作一垒手、二垒手、三垒手和四垒手。一垒手也就是第一个出场的投手，在开局后，一垒手投掷完自己的两只冰壶才会换二垒手，然后类推。在一垒手投掷冰壶时，二垒手和三垒手负责扫冰；二垒手投掷时，一垒手和三垒手负责扫冰。四垒手却不需要扫冰，因为一般来说，四垒手都是指挥队员，也就是场上的队长，负责观察场上形势，指挥队员扫冰，也是最后投掷冰壶的选手。除此之外，还会安排三垒手担任场上的副队长。显然，红队的四垒手现在十分焦灼。

等等！事情好像出现了转机！红队队员看着黄队要故技重施，或者只是个失误——他们发现黄队用力过猛，自家的冰壶飞驰着冲向红方的第二只冰壶，被撞的冰壶偏了方向，往侧边的边线上滑行过去——于是，黄队这只气势汹汹的冰壶从场上被挪开了，红队小小地得意了一把。这原来黄队没有遵守击打的要求，冒犯了冰道的"自由防守区"。自由防守区就是在比赛端处，前掷线之后与T线之前的区域，除去大本营后剩下的部分。双方一垒手投出的所有停留在这个区域的冰壶，在先手方的二垒手投出第一只壶之前,是不可以被打出底线或者打到边界线上的。如果打到了,被打的冰壶要放回原位,击打它的冰壶就和上面提到了黄队这只壶一样,被拿出赛场。

六、冰壶比赛有哪些战术?

黄队为何这么痴迷于"击壶"呢?确实,冰壶最基本的两种方式也就是"旋壶"和"击壶"了,队员的投壶成功率也就分为旋壶成功率和击壶成功率。旋壶是指用适当的力量把冰壶旋进大本营,这是特别考验队员投壶准确性的,尤其是对于四垒手,最后一个壶旋进圆心就是赢得了比赛。显然旋壶太难了,黄队或许并不擅长,于是选择在击壶上加大力度。这一切的一切,都由指挥队员调控着,各队进行着自己的策略。

当然,冰壶比赛中的战术还有多种。

1. 投壶

就投壶来讲,有以下几种战术。

拉引击壶:将冰壶掷在得分区之前或得分区内。

防卫击壶:将冰壶掷在拱线和得分区之间,用来防御对手的冰壶进入得分区。

敲退击壶:将冰壶放在一个或是多个已经存在于场上的冰壶的前面。

通道击壶：当投壶者需要让他的冰壶通过两只或是更多阻碍壶时，他便需要掷出一个通道击壶（ports shot）。

晋升击壶：将一只在得分区之前的冰壶，由射壶撞击到更接近得分区的中心。

晋升移除掷壶：一只冰壶被射壶撞击之后，往后推进并碰击到对方的冰壶，从而使对方的冰壶被驱离得分区或出局的射击。

精彩击壶：若希望将冰壶掷到一只"卫兵壶"的后面，或是希望将一个被保护得很好的冰壶击出场，有一种方式是将冰壶丢掷去撞击一只停在外围的冰壶，然后让掷壶转向朝目标地方向前进。

还有奉送击壶和削剥击壶等。

2. 旋壶

旋壶就是在投掷的时候扭动把手，使冰壶带有旋转地前进。

旋壶的主要目的是击打被障碍壶阻挡的对方冰壶，旋转可以使得冰壶在冰道上按照一条弧线前进，从而绕过障碍壶而击打对方冰壶。这种投掷方法使得两冰壶碰撞的时候不能形成完全击打的效果，一般都是蹭到对方冰壶的边缘，或者形成轻微碰撞，使其远离中心，同时还能使本方的壶更接近中心。

旋壶的另外一个目的就是直接从侧面击打目标，这样可以使得目标壶横向被撞出冰道或者远离中心。避免因为纵向撞击导致对方壶被撞出之后在行进路线上碰到本方已到位的壶。

具体的战术应用,仍然以红队先投壶为例。对于红队,有3种战术选择。

战术选择 A:将红 8 投放到比赛区大本营的中心线靠左侧位置,遮挡住红 7 内侧面积,使黄队不能直接以此为支点投进大本营。

战术选择 B:采用打甩技术,红 8 撞击红 7,将红 7 击飞并使红 8 折向到大本营中心,造成得分。

战术选择 C:采用"打定+传打+打甩"的组合技术,用红 8 击打黄壶,使黄壶撞击另外的红壶,这个红壶再将另外一个黄壶击出大本营,同时折向滑行到大本营中心。

对于黄队,则有2种战术选择。

战术选择 A:采用"打定+传打"的组合技术,用黄 8 撞击红 7,将红 7 击飞,造成得分。

战术选择 B:采用"打甩+传打+击飞"的组合技术,用黄 8 击打红壶,使这个红壶撞击另一个黄壶,黄壶将红壶击出大本营的同时折向滑行到大本营中心。

冰壶的技术/战术其实就是投掷、引导和扫冰,三者都是默契配合的。不同的战术决定不同的投掷方式和力度，不同的战术也决定不同的扫冰方式和速度。

比赛继续进行着，黄队的二垒手目光坚毅地盯着自己即将投出的第二只冰壶，红队三垒手站在后板等着轮到自己，红队四垒手在底线后观察，黄队一垒手和三垒手拿着冰刷在中间准备着，比赛气氛愈发紧张，每位队员屏住呼吸，观望着冰壶。

3. 站位

这时就能看出冰壶比赛的站位了。在这窄窄的冰道上，为避免拥挤，非投壶队的四垒手和三垒手可站在底线的后方，四垒手也可以站在投壶队的四垒手身后，下一顺位的投壶员站在后板附近，其他球员则可以站在冰道底端之后或两栏线之间。投壶队拿冰刷的队员则可以站在圆心线后面的任何位置。

冰壶送出来了！送出来了！手持冰刷的运动员等到冰壶开始运动，在冰壶前狂扫起来。

七、冰壶的刷子是干吗的？

冰壶比赛中，运动员手中的刷子就是冰壶刷，是经过长期演变才成了现在的样子的——长长细细的手柄和底端的毛刷看起来很像个扫帚。而早期的冰壶运动中，确实是用普通的长把扫帚来扫冰的。早期冰壶是一项室外运动，

第五编 冰 壶

需要使用扫帚来清理壶体前方的残雪和脏物，可见冰壶刷的历史还是比较悠久的。后来冰壶运动从室外转入室内，冰壶刷就改进成了毛刷。发展到现在，冰壶刷已变为板刷。板刷的刷杆部分由碳纤维制成，刷头部分用高强度复合材料制成。因此它更加耐用，质量也更轻，扫冰效果也更好，更加节省体力，于是得到更加广泛的应用。

扫冰是为了清除冰面上的小障碍物，因为有时冰上会留下微小的冰碴、毛发、衣服的纤维等。冰壶这样高速运动的器材，遇到这些小东西后，行进方向会发生明显变化。扫冰手轻轻清扫正在行进的冰壶前方，可以让冰面保持清洁，让冰壶平直滑行，或者微调冰壶的运动方向，从而使其抵达理想位置。扫冰也是为了延长冰壶滑行的距离。当扫冰手预计冰壶不能到达指定地点时，就会扫冰，适当的刷扫可以融化冰面表层，变成薄薄的一层水。这样，就可以减少冰面对冰壶的摩擦，调整冰壶前进的速度，帮助冰壶到达目的地。不要认为扫冰微不足道，一个优秀的扫冰手甚至可以通过扫冰延长冰壶2～3米的滑行距离！

扫冰动作也是较为灵活的，可以在任何方向上进行，以确保在移动的冰壶前方没有冰屑和碎渣。需要注意，在冰壶开始运动之前禁止扫冰，以及扫冰动作要结束在冰壶的任意一侧。投掷出的冰壶在到达比赛端的T线前是可以由投壶队的任意一名或者两名队员扫冰的。一队投出的冰壶在到达比赛端的 T 线之前，另一队不可以扫冰。在冰壶到达比赛端的 T 线后，每队每次只能有一名队员，可在任意时间内扫冰。这个队员可以是投壶队的任何一名队员，如果是非投壶队的队员来扫，就只能是指挥或者副指挥。冰壶到达了 T 线后，投壶队就给自己队伍带来了优先权，但还是不能阻碍或者阻止对方的队员扫冰。

红队的最后一壶送出了——队员们密切关注着，经过前掷线、滑上大本营的第一个圈了！冰刷急速地扫，队员都盼着这壶再往前一点，再往前一点——马上从这头进入第二个圈了，冰壶速度似乎又有点快，红队队员停止扫冰，希望冰壶尽快在内圈停下。在这暗自的策略下，冰壶淡然地顺着冰或薄水层滑行着——冰壶越过圆心了！冰壶在内圆的另一头停下了！欢呼！但此时尚未决出胜负，黄队还有一次投壶机会。

黄队的最后一壶也来了，瞄准了刚刚的红队冰壶，似带着使命，带着点底气。然而飞驰着的冰壶还是偏了点方向，它在最后慢速游荡的时刻也只是蹭到了自己的对手，那个红壶还在内圈待着，自己却顺着劲滑过了头。

现在可以彻底地欢呼了！显然这场比赛的首局，红队胜利了，以它最后关键的一只壶而赢得计分权，虽说红队这一局下来也只得一分。

八、冰壶的"贵族气息"指的是什么？

无论哪支队伍获得胜利，冰壶比赛终究是会保持和谐的。这是因为冰壶是一项讲究技术与传统的运动，冰壶精神是体现尊重与优雅的。

一次完美的投壶固然令人开心，观看能够体现运动精神的传统冰壶赛事也同样有意义。不仅双方队员在赛前会握手，互相说一声"Good Curling"（好壶）来相互鼓励，而且赛后的双方队员们也会心平气和地再次握手，无论输赢，这是为了表示队伍与队伍之间的尊重。冰壶运动员是为了胜利而参赛的，但绝不贬低对手。一名真正的冰壶运动员从不会试着转移对手的注意力，也不会阻碍他们发挥出最佳水平，宁可输掉比赛，也不要不光彩地获胜。冰壶运动员决不会故意违反比赛规则，也不会不尊重任何比赛的传统。如果有运动员无意中违反规则且自主意识到了，他们会主动报告自己的违规行为。这都是冰壶精神的优雅所在。

现代冰壶运动延续了早期皇室贵族的传统，在冰壶比赛结束后还会举行一场盛大的晚宴，运动员们在一起交流经验、沟通战术，没有对峙，只有友好的交流。晚宴上，运动员们会换上正装，女士也会化淡妆，或者各自穿上具有自己国家、民族风情的服饰，比如，中国队就会身着唐装或者旗袍来参加晚宴。这些赛后传统，直到现在还一直保留。

说到这里，或多或少能感受到一些冰壶的"贵族气息"，而冰壶的造价或许更能体现它被称作"贵族运动"的原因。

冰壶为较大的圆壶状，由不含云母的苏格兰天然花岗岩制成。壶身是绿花岗岩，壶底是蓝色微晶花岗岩，这种材质硬度高，吸水性弱，抗撞击，且不易碎。用于制作冰壶的不含云母的花岗岩只在苏格兰的艾尔萨克雷格岛（Elsakre Island）可以开采到，只有用钻石才能磨出最终的形状。这种石材十分稀少，加上冰壶的运输费用也高，因此冰壶的价格是比较昂贵的，一套高级冰壶（16只）要12万元～13万元，哪怕是普通的一套也要4万元～5万元。不过现在的冰壶只在壶底镶嵌一块苏格兰花岗岩，其余部分用质地相近的石材，并用特制的胶水将其黏合，用较低的成本使得冰壶仍然拥有接近苏格兰花岗岩的滑涩度。

说到冰壶制作便不得不说一下冰壶盖，它又被称作"前掷线上的眼睛"。冰壶盖采用PC塑料制成，有黄色与红色，也会根据壶柄不同分为训练用和比赛用两种。与训练用冰壶盖不同的是，比赛用冰壶柄上安装了感应器，能够监测投壶运动员的手部有没有握着手柄，从而判断运动员是否违规。如果投壶运动员没有在到达前掷线前松手，感应器可以监测到，运动员就会被判违规。

这样说的话，普通人就不能体验冰壶运动了吗？当然不是！地板冰壶的出现给了普通人接触冰壶的机会。地板冰壶又叫作"旱地冰壶"，是从冰壶运动中衍生出来的，已得到世界冰壶联合会（World Curling Federation，WCF）和国际冰壶学院（International Curling Academy，ICA）联合认证。在基本技术术语和战术应用方面，地板冰壶和冰壶是一致的。在技术规则和竞赛规则方面，两者也是大致相同的。地板冰壶解决了冰壶运动"只能在冰上进行、入门技术要求高、学习周期长"等问题，且具有占地面积小、易于学习和掌握、不受季节影响等特点。只要场地平整光滑，在室内外都可以随时开展学习、训练与比赛，方便了很多。所以如果看完此篇后对冰壶产生了兴趣又没有合适的开展条件的话，不妨先从地板冰壶开始尝试！

九、冰壶运动员为什么要大叫？

在冰壶场上，时常听到冰壶运动员响彻长长赛道的声涛巨浪，宛若山呼海啸。这也是冰壶运动的一个特点。这样做的原因有两个：一是传达指令，二是宣泄情感。

要知道，并不是场上所有运动员都喊叫。扫冰队员通常只会向指挥队员报告冰壶运行的情况和自己的预判,所以他们说话会大声一点,但是不会大喊。他们也没必要喊,而他们的队友喊,就是为了让他们听见,看到他们的扫冰动作即是回应了——并且一边扫冰一边喊是容易"出人命"的。"大喊大叫"的通常是投壶和指挥队员,喊叫是出于两点考虑:一是给予扫冰队员扫冰的指令,让扫冰队员做出调整;二是因为冰壶场地的特色——冰道长约44.5米,不喊真的听不见。

用大喊大叫来传达信息也与冰壶运动的起源有关。冰壶运动起源于一项在冬季冰冻的湖面上进行的游戏,由于赛道较远,加之宽阔平坦的湖面不拢音,所以沟通基本靠吼。后来进入场馆内比赛后,又由于一个冰壶场地往往由四条赛道组成,最多可同时进行4场比赛,所以这厢如果不拼命喊,很可能就会被那厢比赛队伍的喊声盖过去。

除了传达扫冰指令,宣泄情感也是咆哮的最直接作用。最好的例证就是冰壶的冬残奥会项目——轮椅冰壶。轮椅冰壶比赛的全过程,队员都是在轮椅上完成的,所以不需要扫冰,但这仍然不能阻止队员在冰壶行进时用大声呼喊来为自己队伍的壶加油。可以有机会名正言顺地喊两嗓子,想想还是很舒爽的。至于喊的是什么,由于语言、习惯和个人喜好不一样,每个队伍呼喊的内容各有各的特点,但大致上也就两个意思:第一,扫冰加大力度!第二，扫冰力度够了，不要再扫了！

于是在一条条冰道上，喊叫声此起彼伏，宣泄着运动员对冰壶的激情。

十、冰壶比赛有什么观赛礼仪？

冰壶是一项兼具技巧与谋略的绅士运动，对于参赛运动员而言，不仅需要良好的身体素质、标准的投壶出手和扫冰动作，更需要长远的规划和严密的逻辑思考能力，以及在场上冰壶瞬息万变的排列情况下能够迅速做出反应的能力。很多时候，直到最后一只冰壶投出前，人们都很难判断一场比赛的胜负。在实际比赛中，有很多最后一壶扭转胜负的例子，这也是冰壶比赛的魅力所在。因此，冰壶队员投壶前需要相对安静的环境冷静地思考。为此，现场观看冰壶比赛时，观众要注意保持安静，照相时还要关闭闪光灯，因为场上光线的剧烈变化会打扰运动员思考。冰壶投掷完成后，观众可鼓掌助威。

十一、北京冬奥会冰壶观赛指南

2022年北京冬奥会冰壶项目将在国家游泳中心——水立方举行。届时，水立方将变身"冰立方"，为冰壶这项冰上运动提供场地。

2022年北京冬奥会冰壶比赛将产生3枚金牌,其中男子冰壶比赛1枚,女子冰壶比赛1枚,混合双人冰壶比赛1枚。

北京冬奥会冰壶比赛的赛程见表5-1。

表5-1　北京冬奥会冰壶比赛的赛程[9]

日期	比赛开始时间	项目	比赛场地	地址
2022-02-02	20:05	混合双人冰壶循环赛	国家游泳中心（冰立方）	北京市朝阳区天辰东路11号
2022-02-03	09:05 14:05 20:05	混合双人冰壶循环赛		
2022-02-04	08:35 13:35	混合双人冰壶循环赛		
2022-02-05	09:05 14:05 20:05	混合双人冰壶循环赛		
2022-02-06	09:05 14:05 20:05	混合双人冰壶循环赛		
2022-02-07	09:05	混合双人冰壶循环赛		
	20:05	混合双人冰壶半决赛		

续表 5-1

日期	比赛开始时间	项目	比赛场地	地址
2022-02-08	14:05	混合双人冰壶铜牌赛	国家游泳中心（冰立方）	北京市朝阳区天辰东路11号
	20:05	混合双人冰壶金牌赛		
2022-02-09	20:05	男子冰壶循环赛		
2022-02-10	09:05	女子冰壶循环赛		
	14:05	男子冰壶循环赛		
	20:05	女子冰壶循环赛		
2022-02-11	09:05	男子冰壶循环赛		
	14:05	女子冰壶循环赛		
	20:05	男子冰壶循环赛		
2022-02-12	09:05	女子冰壶循环赛		
	14:05	男子冰壶循环赛		
	20:05	女子冰壶循环赛		
2022-02-13	09:05	男子冰壶循环赛		
	14:05	女子冰壶循环赛		
	20:05	男子冰壶循环赛		
2022-02-14	09:05	女子冰壶循环赛		
	14:05	男子冰壶循环赛		
	20:05	女子冰壶循环赛		
2022-02-15	09:05	男子冰壶循环赛		
	14:05	女子冰壶循环赛		
	20:05	男子冰壶循环赛		

续表 5-1

日期	比赛开始时间	项目	比赛场地	地址
2022-02-16	09:05	女子冰壶循环赛	国家游泳中心（冰立方）	北京市朝阳区天辰东路11号
	14:05	男子冰壶循环赛		
	20:05	女子冰壶循环赛		
2022-02-17	09:05	男子冰壶循环赛		
	14:05	女子冰壶循环赛		
	20:05	男子冰壶半决赛		
2022-02-18	14:05	男子冰壶铜牌赛		
	20:05	女子冰壶半决赛		
2022-02-19	14:05	男子冰壶金牌赛		
	20:05	女子冰壶铜牌赛		
2022-02-20	09:05	女子冰壶金牌赛		

参考文献

[1] 赵真．冬奥趣读：一本书看懂冰雪运动［M］．北京：化学工业出版社，2021．

[2] 王滨江，黄兴．冰上象棋：冰壶［M］．北京：新世界出版社，2021．

[3] 北京奥运城市发展基金会．冰雪奥林匹克之城［M］．北京：北京出版社，2014．

[4] 宋志强．激情平昌，梦延京张［M］．北京：新华出

版社，2019.

[5] 李树旺．北京冬奥语境下大众冰雪运动参与报告［M］．长春：吉林科学技术出版社，2019.

[6] 白冰．冰雪体育探究［M］．哈尔滨：哈尔滨工业大学出版社，2016.

[7] 北京2022年冬季奥林匹克运动会申办报告［M］．北京：北京体育大学出版社，2015.

[8] 郝敬堂．中国冰雪梦［M］．北京：电子工业出版社，2017.

[9] 北京冬奥组委．北京2022年冬奥会竞赛日程 第十一版［Z］．2021.

[10] 杨树人．银色跑道 中国冰上纪实［M］．哈尔滨：黑龙江人民出版社，2016.